イラスト&図解

知識ゼロでも楽しく読める！

江戸の文化

江戸文化研究家
加唐亜紀

JN221881

西東社

はじめに

学校の歴史で習った内容の影響からか、江戸時代は、幕府による重い年貢が農民たちを苦しめ、次から次へとお触《ふ》れを出して人々を困惑させていた暗い時代だ……と思っている人も多いかも知れません。しかし、本当にそうなのでしょうか。

たとえば、2025年の大河ドラマの主人公・蔦屋重三郎《つたやじゅうざぶろう》のように、出版を通して東洲斎写楽《とうしゅうさいしゃらく》や葛飾北斎《かつしかほくさい》などの作品を発表し、世間に芸術や風刺を広く届けたような人物もいます。そう、江戸時代は、庶民が苦しんだ時代ではなく、むしろ庶民を中心とした文化が花開いた時代だったともいえるのです。

歌舞伎もまたそのいい例でしょう。今では格調の高いものと思われていますが、男女の恋愛模様を男女を入れ替えて演じたのが始まり。「淫《みだ》ら過ぎる」として女性が演じることが禁止されると、今度は美少年たちで上演。これも「風俗を乱す」としてお咎《とが》めを受けると、成人男性だけ

で演じるようになったのです。歌舞伎を上演する小屋では食事や煙草も自分の席で楽しむことができ、まさに庶民のための娯楽だったのです。

また庶民たちは、さまざまな手段で幕府に対する不満を吐き出していました。その中のひとつである狂歌は、社会風刺や皮肉、滑稽《こっけい》な内容を盛り込んだ短歌です。大田南畝《おおたなんぽ》が『寝惚先生文集《ねぼけせんせいぶんしゅう》』を出してブームとなり、ブームの中で表紙絵や挿絵を有名な浮世絵師に頼み、同人誌版の狂歌絵本を出す金持ちも現れたりしました。

ほかにも、現在高値で取り引きされている浮世絵は、江戸時代には売り出し中の吉原の花魁《おいらん》や評判の看板娘たち、それに人気の高い歌舞伎役者たちの姿を描いたものでした。いうなれば、今のアイドルのポスターのようなもので、庶民でも十分に買えるほど安価でした。

このように、江戸時代は現代にも続くさまざまな文化が生まれた時代だったのです。本書では、そんな江戸時代をイラストや図解、貴重な資料を交えてわかりやすく解説していきます。現代にも続く文化が数多く生まれた江戸時代の魅力を、少しだけですがのぞいてみましょう。

江戸文化研究家
加唐亜紀

もくじ

第1章
なるほど～とわかる 江戸の基本知識
9▼24

第2章
意外なことだらけ？ 江戸の町のしくみ
25▼92

第3章

多種多様でおもしろい 江戸の人々

93▼138

第4章 江戸を彩った 文化人たちのあれこれ 139▼185

第1章

なるほど〜とわかる 江戸の基本知識

「江戸時代」って、
そもそもどんな時代だったのでしょうか？
江戸の成り立ち、幕府のしくみなど、
江戸文化を知るための基礎知識を紹介します。

01 江戸時代ってどんな時代だった？

なるほど！

武士が支配者となり、町人が文化を生み出した時代！

江戸時代ってどんな時代だったのでしょうか？

江戸時代は、１６０３年に征夷大将軍《せいいたいしょうぐん》（将軍）になった**徳川家康《とくがわいえやす》〔図1〕が江戸（現在の東京都）に幕府を開き**、１８６７年に**15代将軍・徳川慶喜《とくがわよしのぶ》が大政奉還をするまでの約２６０年間**を指します。幕府は将軍を頂点とする武家政権で、全国の約25%にあたる約７００万石（１万石＝約１５００トンの米）の領地をもち、大坂（現在の大阪市）や京都、長崎などの主要都市を直轄地としていました。それ以外の土地は、約２７０の大名（将軍から1万石以上の領地を与えられた武士）が支配していました。

幕府は、武士が政治を行う支配者であることを明確にするために**武士と百姓・町人の身分を区別**しました。百姓はおもに農村に住む農民で、日本の人口の80%以上もいました〔図2〕。百姓は収穫した米の40～50%を年貢として幕府や藩（大名の領地・支配組織）に納めなければならず、年貢は幕府や藩のおもな収入源となっていました。また、町人には商人と職人がいて、おもに城下町に住んでいました。

江戸時代は、戦乱がなくなったことで社会が安定し、経済が発達しました。特に大都市が発展することで、江戸時代中期（18世紀）以降に町人が経済力をもちます。武士以外の人たちもお金をもったことで、**歌舞伎や浮世絵などが生み出されたり、出版や学問が発展するなど、これまでになかった庶民的な文化が花開いた時代**なのです。

武士が百姓・町人を支配していた

▶江戸幕府を開いた徳川家康〔図1〕

1600年の関ケ原の戦いで反徳川勢力を倒した家康は、1603年に朝廷から征夷大将軍に任命され、江戸に幕府を開いた。1615年には大坂夏の陣で豊臣氏を滅ぼし、幕府の基礎を固めた。

江戸に入った家康は物資を運ぶために運河を整備し、江戸の町の基礎を築いた。

▶江戸時代の身分別の人口割合〔図2〕

※江戸時代末期の推定値。

6〜7%の武士が百姓や町人を支配した。江戸時代中期より、総人口に大きな変化はなかった。

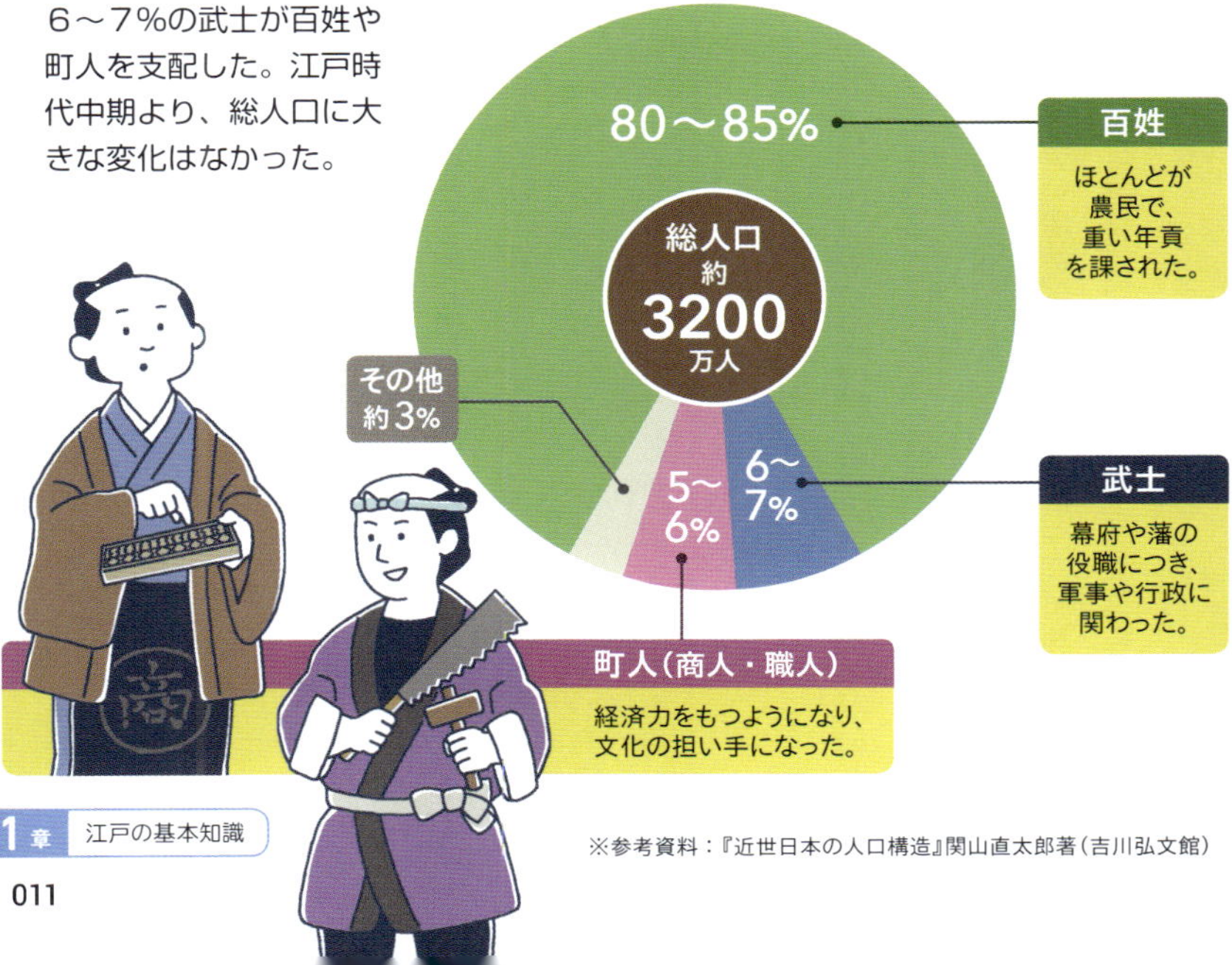

※参考資料：『近世日本の人口構造』関山直太郎著(吉川弘文館)

なるほど！

02

江戸幕府ってどんなしくみだった？

将軍がトップの武家政権だが、大名には自治が認められていた！

江戸幕府って、どんなしくみだったのでしょうか？

まず、幕府の長である**「将軍」とは征夷大将軍《せいいたいしょうぐん》の略称**で、蝦夷《えみし》（朝廷に従わない人々）を征討するために朝廷から派遣された軍隊の総司令官のことです。鎌倉時代に武家政権（幕府）の指導者の職名になりました。徳川家康《とくがわいえやす》は、全国約700万石の領地を支配しましたが、それ以外の土地は将軍に従う大名たちが独自に支配し、**大名たちが支配する土地と支配組織は「藩」と呼ばれました**。江戸時代の日本は**幕府と諸藩の連邦国家**だったのです。

大名には、徳川家一族の「親藩《しんぱん》」や、古くから徳川家に仕える「譜代大名《ふだいだいみょう》」のほか、1600年の関ケ原の戦いの後から徳川家に従った「外様大名《とざまだいみょう》」といった区別がありました〔図1〕。**老中や若年寄《わかどしより》など、幕府の重要な役職は、譜代大名や旗本（1万石以下の将軍直属の家臣）から任命されました**〔図2〕。

大名は石高《こくだか》（米の収穫量を基準にした土地の生産高）に応じて河川や江戸城などの土木工事を命じられたり、1年おきに江戸と領地とを往復する「参勤交代《さんきんこうたい》」〔➡P22〕をする必要がありました。ですが、**藩内では独自の統治が認められ、幕府から口出しされることは基本的にはありませんでした**。このように、幕府と藩が土地と人々を支配するしくみを「幕藩体制」といいます。また、幕府は京都所司代を置いて朝廷を監視し、「禁中並公家諸法度《きんちゅうならびにくげしょはっと》」という法律で天皇や公家の役割を定めていました。

幕府と藩がそれぞれ領地を支配していた

親藩・譜代大名・外様大名の違い〔図1〕

幕府にとって外様大名は信頼できない「仮想敵国」だったので、幕府の政治に原則参加することはできなかった。

※江戸時代末期の推定値。

親藩	譜代大名	外様大名
約20家	約140家	約120家
徳川家の一族である大名。	古くから徳川家に従っている大名。	関ケ原の戦いの後に、徳川家に従った大名。
代表的な親藩	**代表的な譜代大名**	**代表的な外様大名**
御三家《ごさんけ》(尾張藩・紀州藩・水戸藩)、松平家(越前藩)、松平家(会津藩)	井伊家(彦根藩)、阿部家(福山藩)、酒井家(庄内藩)、大久保家(小田原藩)	島津家(薩摩藩)、毛利家(長州藩)、前田家(加賀藩)、伊達家(仙台藩)
特徴	**特徴**	**特徴**
御三家からは将軍を出すことができる。	幕府の政治に参加できる。比較的領地が狭い。	幕府の政治に参加できない。比較的領地が広い。

江戸幕府の役職〔図2〕

江戸幕府の役職は、ここに紹介した以外にも数多くあった。基本的に、外様大名からは任命されなかった。

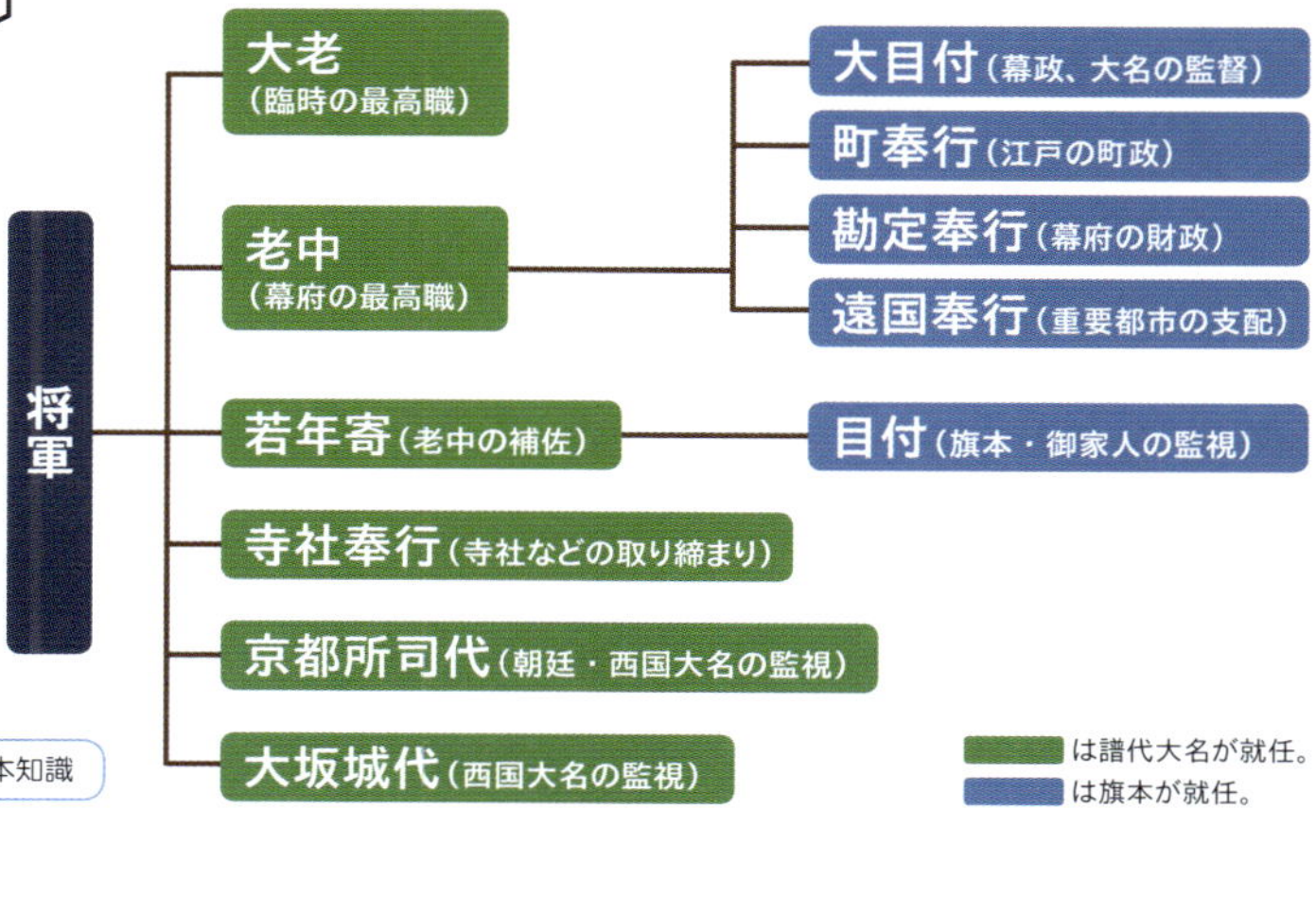

03 江戸は埋め立ててつくられた町？

なるほど！

現在の日比谷公園あたりを埋め立ててつくられた！

戦国時代、徳川家康《とくがわいえやす》は東海地方を支配する大名でしたが、1590年に豊臣秀吉《とよとみひでよし》によって領地を関東に移され、江戸城に入りました。

当時の江戸城は土塁《どるい》や堀に囲まれただけの小さな城で、**城の手前まで日比谷入江と呼ばれる海が広がり、その東側には江戸前島という半島が伸びていました。**日比谷入江は、現在の日比谷公園や新橋、内幸町、霞が関、皇居外苑（皇居前広場）あたりになります。日比谷の「ひび」とは、海苔の養殖のために浅瀬に突き立てる竹や枝のことで、周辺は漁村でした。江戸前島には、現在の大手町や丸の内、有楽町、銀座、日本橋あたりが含まれていました。

1603年、江戸幕府を開いた家康は、全国の大名を動員して、江戸城の大改修を開始。さらに**神田山と呼ばれる丘陵《きゅうりょう》を切り崩し、その土で日比谷入江を埋め立てて大名などの武家屋敷にした**のです。神田山は現在の駿《する》河《が》台《だい》地で、御茶ノ水駅や明治大学駿河台キャンパスあたりにありました。また、江戸前島の東側には水運用の埠頭《ふとう》が整備され、道三堀や小名木川などの運河もつくられました。

江戸の町の原型ができあがったのは、3代将軍・徳川家光《とくがわいえみつ》の時代といわれます。江戸の町、つまり**現在の東京の中心部は、江戸時代に埋め立てられてつくられた**のです。ちなみに、時代小説の舞台として知られる深川（江東区）一帯も、もとは低湿地で、江戸時代前期に埋め立てられた土地でした〔左図〕。

山を切り崩し、海を埋め立てる

埋め立てで広がる江戸の町

江戸の町は海を埋め立ててつくられ、その過程で多くの運河（水路）が築かれた。

1590～1592年頃

1612～1615年頃

神田山を切り崩し、その土で日比谷入江や江戸湊（隅田川河口域）を埋め立てた。その後、江戸前島の東側に、水運用の埠頭や運河が整備された。

※図版参考資料：『スーパービジュアル版 江戸・東京の地理と地名』鈴木理生著（日本実業出版社）

▲日比谷の武家屋敷

埋め立て地である日比谷には、武家屋敷が建ち並んだ。

「日比谷外之図（江戸勝景）」
国立国会図書館所蔵

▲深川洲崎十万坪

深川の洲崎には「十万坪」と呼ばれる広大な敷地があり、海を望む景勝地だったが、津波で冠水したため人が住めなくなった。

「名所江戸百景 深川洲崎十万坪」
国立国会図書館所蔵

04

江戸"城"の中に"町"があった？

なるほど！

江戸城の「総構《そうがまえ》」の中に武士や町人も住んでいた！

江戸城は、日本最大の城といわれます。どのくらいの広さだったのでしょうか？　城の範囲は、本丸や二の丸など、内堀に囲まれた城の中心部だけではありません。内堀の外側に広がる城下町を取り囲むように堀（外堀）や土塁《どるい》が築かれている城もあり、こうした城は**外堀が取り囲んだ範囲も城に含まれます**。江戸城の外堀は現在の神田あたりから新橋まで南下し、赤坂を通って北上。四ツ谷・市ケ谷方面に向かった後、東に向きを変えて神田川とつながり、隅田川に達します。**まるで外堀が「の」の字をえがくように江戸の町を包みこんでいるのです**〔図1〕。

城下町全体を取り囲む外堀や土塁のことを「総構」といい、江戸城ではこの長さが約16㎞あります。江戸城の広さは、現在の千代田区と中央区がまるごと入るほどだったのです。

江戸城の内堀と外堀の間には大名屋敷が建ち並び、旗本・御家人（1万石以下の将軍直属の家臣）はおもに江戸の西側に住んでいました。これは、武士たちには江戸城を守る役割があったためです。

やがて、総構の外側にも江戸の町は広がっていき、江戸の面積に占める武家地の割合は約68%になりました。一方、**日本橋や神田などの町人地は、江戸の面積の約16%しかありませんでした**〔図2〕。江戸時代中期、江戸の武士と町人の人口はそれぞれ約50万人だったといわれます。**江戸の町人たちは、狭い土地にぎゅうぎゅうになって暮らしていた**のです。

江戸城内の武家地と町人地

日本最長の総構をもつ江戸城〔図1〕

江戸城の外堀は、「の」の字をえがくように築かれ、神田川や隅田川も自然の水堀として利用されていた。

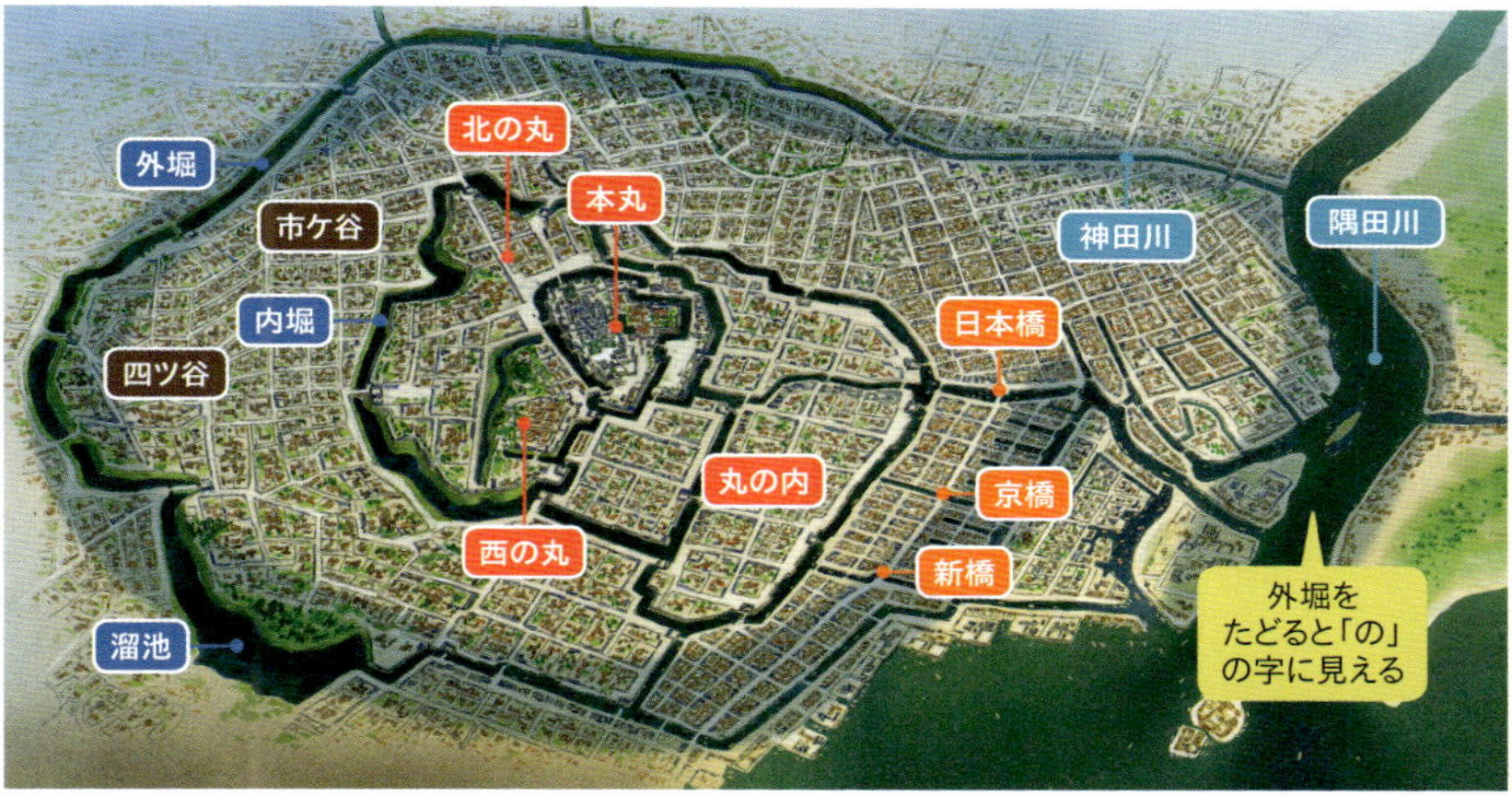

イラスト：香川元太郎

江戸の武家地と町人地の面積〔図2〕

江戸の武士と町人はそれぞれ約50万人いたが、町人地の面積は、江戸の町の約16%だった。江戸の人口が過密になると、隅田川東部の埋め立てが進み、本所や深川の町がつくられた。

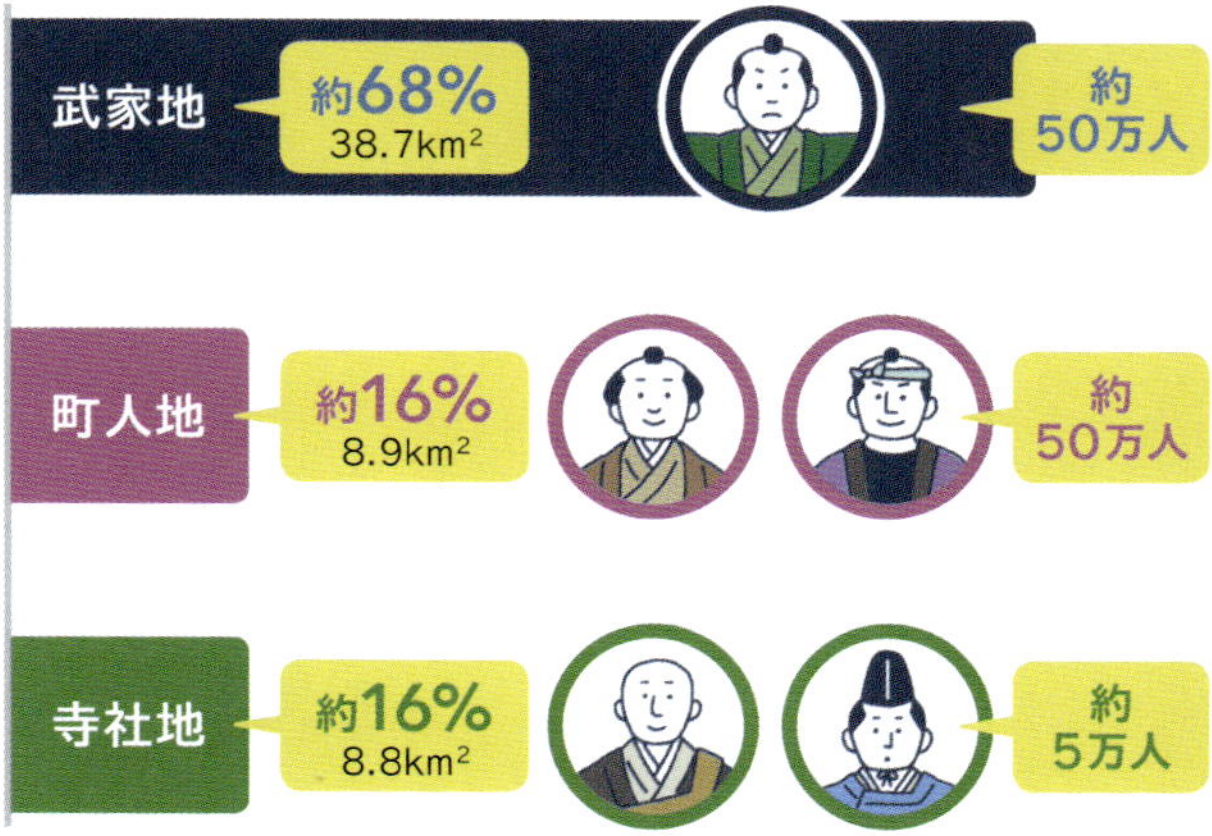

※参考資料：『江戸と江戸城』内藤昌著（講談社）

Q 1両は今のお金でどのくらいの価値？

100円 or 1,000円 or 1万円 or 10万円

江戸時代の貨幣制度は複雑で、**小判を含めて「金貨」「銀貨」「銭貨《せんか》（銅貨）」の３種類の貨幣がありました。**

金貨の単位は「両」で、小判以外に、一分金《いちぶきん》や一朱金《いっしゅきん》があり、**枚数で価値が決まる計数貨幣でした。**これに対し、丁銀《ちょうぎん》などの銀貨は**重さで価値が決まる秤量《しょうりょう》貨幣。**おおよそ50～60匁《もんめ》（約２００g）で１両と同じ価値でした。金貨は

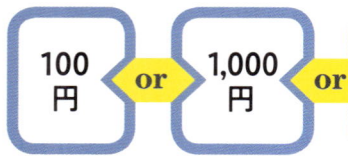

おもに江戸で、銀貨はおもに大坂などで使われました。

金貨と銀貨の交換レートは絶えず変動し、交換を専門とする「両替商」が存在しました。江戸時代中期以降は、一分銀や一朱銀など、計数貨幣の銀貨も鋳造《ちゅうぞう》されます。

金貨や銀貨はおもに商人が使い、庶民は銭貨を使いました。単位は「文《もん》」で、1文は今の20円くらい。時代によって変動がありますが、**一文銭4000〜6500枚で1両の価値がありました**。つまり、1両の価値はおよそ10万円だったのですね。

銭貨・銀貨・金貨の交換比率

銭貨

一文銭
4000〜6500枚

＝

銀貨

丁銀 50〜60匁

‖

一分銀 4枚

‖

一朱銀 16枚

＝

金貨

小判 1枚(1両)

‖

一分金 4枚

‖

一朱金 16枚

銭さし

数える手間を省くため、一文銭96枚をひもに通して束ねたもの。4文少ないが、これで100文として通用していた。

「小判」「一分金」「一朱金」「丁銀」「一分銀」「一朱銀」 出典：ColBase
東京国立博物館所蔵／「寛永通宝」「銭さし」日本銀行貨幣博物館所蔵

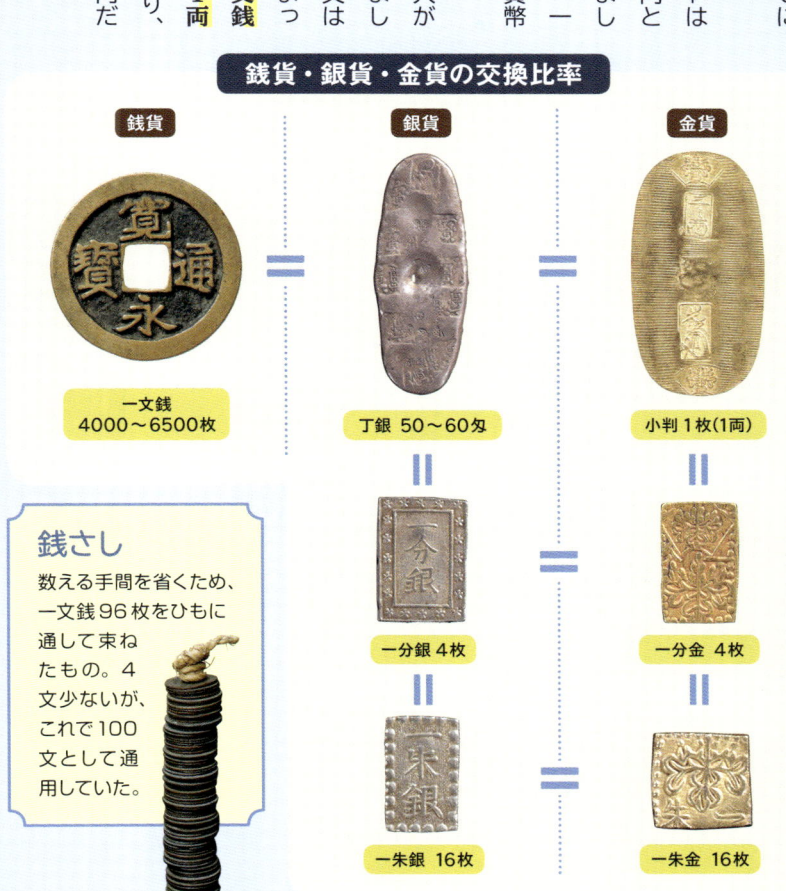

05 江戸の範囲はどこからどこまで？

なるほど！

幕府が地図に朱色の線を引いた範囲が江戸になった！

江戸の大きさは「**大《おお》江《え》戸《ど》八《はっ》百《ぴゃく》八《や》町《ちょう》**」と表現されることがありますが、実際はどうだったのでしょうか？

江戸幕府が開かれた頃の江戸の町数は約３００町で、人口は約15万人でした。その後、城下町の建設が急速に進み、隅田川の東側に本所や深川が開発されます。また、北は千住から南は品川まで町人地が拡大。**江戸時代中期には、町数は１６００町以上になり、人口は１００万人を超えました。**

ところが、幕府は江戸の範囲を正式に決定してきませんでした。幕府にとって重要だったのは武家地で、町人地はあまり重要視されていなかったのです。

当時、一般的には江戸町奉行の支配が及ぶ地域が江戸と考えられてきました。しかし、**町奉行の支配は武家地や寺社地には及ばないため、正確に江戸の範囲を示すことができなかった**のです。

江戸の範囲が決定したのは、江戸時代後期の１８１８年。役人からの問い合わせをきっかけに、幕府は評定所で会議を行い、江戸の範囲を示す地図が作成されました。この地図には江戸の境界線が朱色の線（朱引線《しゅびきせん》）で引かれ、**朱引線の内側が御府内《ごふない》（江戸）**とされました。また、この地図には黒色の線（墨《すみ》引線《びきせん》）も引かれ、墨引線の内側が町奉行所の支配範囲を表しました【左図】。目黒付近で墨引線が朱引線を超えていますが、それ以外は、墨引線は朱引線内に含まれています。こうして、朱引線の内側が江戸と認識されるようになったのです。

江戸時代後期に決まった江戸の範囲

朱引線と墨引線

朱引線内に含まれるのは、現在の東京23区のうち、千代田区、中央区、港区、文京区、台東区など。新宿区や渋谷区、品川区、豊島区などは境界にあり、中野区や足立区、北区などは含まれていなかった。

朱引線外で墨引線内に含まれたのは、中目黒村・下目黒村（現在の目黒区）などだった。

※図版参考資料：『地図・グラフ・図解でみる 一目でわかる江戸時代』竹内誠監修（小学館）

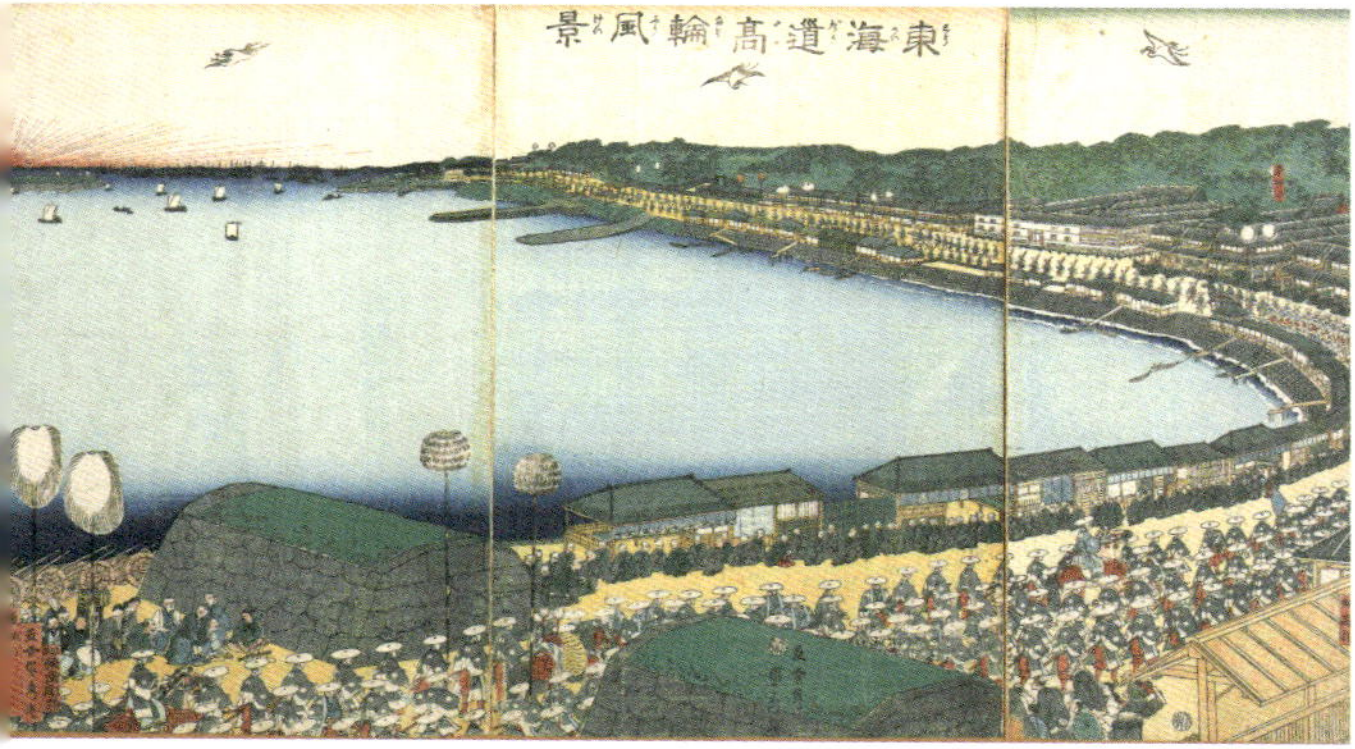

高輪大木戸の柵と門は江戸時代後期に撤去され、石垣だけが残された。

朱引線以前の江戸の境界

江戸時代中期の1710年、江戸の境界として東海道に「高輪《たかなわ》大《おお》木《き》戸《ど》」（港区）が設けられた。道の両側には高さ約3mの石垣があり、その間に柵と門が築かれていた。

「東海道高輪風景」（部分）
東京都立中央図書館所蔵

06 参勤交代《さんきんこうたい》のおかげで江戸が発展した？

なるほど！

参勤交代で上京した**地方武士**が江戸で**たくさんお金を使った**！

大名が江戸と藩（領地）を1年おきに往復する「参勤交代」は、1635年に3代将軍・徳川家光《とくがわいえみつ》が定めました。その目的は大名（藩主）の経済力を削ぐためだったともいわれますが、**もともと「参勤」とは大名たちが江戸を訪れて将軍にあいさつをすること**。幕府が成立した当初、徳川家に敵対しそうな大名たちは取りつぶされたり、領地を減らされたりしました。将軍を恐れた大名たちは自分の身を守るために将軍のもとを訪れ、将軍に忠誠を尽くすことを態度で示すようになったのです。つまり、**すでに一般化していた参勤を、毎年4月から1年間と定めて、制度化したものが参勤交代**だったのです。

また、大名の妻子は、人質として江戸に住むことになりました。大名の子は成長すると藩を継ぎます。こうして、全国の大名のほとんどが「江戸出身」になったのです。

参勤交代では大人数の家臣を同行させる「大名行列」〔図1〕を組むため多くの経費がかかりました（藩財政の3％程度）。しかし、**大名行列よりもはるかに負担になったのは、大名と家臣たちの江戸での滞在費（生活・交際費）**でした。その金額は藩財政の約30％を占めたといわれます。また、江戸での生活には現金が必要なため、大名たちは藩で徴収した年貢米を売って現金を手に入れました。**上京した地方武士は江戸で大量の現金を使った**ため、江戸の経済が大きく発展していったのです〔図2〕。

参勤交代で地方武士が江戸に集まる

参勤交代の大名行列〔図1〕

藩の規模や江戸までの距離にもよるが、参勤交代の費用は片道で５億円ほどかかったといわれる。

江戸時代後期の長州藩（現在の山口県）の大名行列が、高輪《たかなわ》（港区）あたりを通っている場面。

「温故東の花第四篇旧諸侯参勤御入府之図」国立国会図書館所蔵

江戸でお金を使った地方武士〔図2〕

参勤交代に同行した地方武士は、１年間の単身赴任となるため、勤番長《きんばんなが》屋《や》と呼ばれる集合住宅で生活して、お金を使っていた。

勤番長屋は、大名屋敷（➡P52）の外壁のような形になっていて、窓から商人を見つけて商品を買いつけることもあったという。

儒学《じゅがく》

社会の安定のため、儒学の教えが取り入れられた！

江戸時代初期には、戦国時代の荒々しい気風がまだ残っていたため、殺傷事件がよく起きていました。こうした状況のなか、5代将軍・徳川綱吉《とくがわつなよし》は、武力ではなく法令や教育によって社会秩序を安定させる「文治《ぶんち》政治」を目指します。「儒学」（儒教）を重視した綱吉は、儒教のなかでも特に「朱《しゅ》子学《しがく》」を積極的に政策に取り入れました。

儒学とは、古代中国で孔子《こうし》が唱えた学問（教え）で、道徳や礼儀、親愛の情などを重視するものです。朱子学は、12世紀に南宋（中国の王朝）の朱《しゅ》熹《き》（朱子）がつくった新しい儒学の一派で、主従関係や身分制度を重視し、階級支配の意義を理論づけるものでした。「慈悲の心を広めるべき」と考えた綱吉は、動物の殺害を禁止する「生類憐《しょうるいあわれ》みの令《れい》」を出し、また儒学を奨励するために「湯島聖堂」（文京区）を設立し、朱子学は幕府の公式の学問となっていきました。

これに対し、日本の儒学者・中江藤樹《なかえとうじゅ》は、15世紀の明《みん》（中国の王朝）の王陽明《おうようめい》が唱えた「陽明学」を学びます。陽明学は、知識と行動を一致させることを目標とする儒学の一派です。また、日本の儒学者・伊藤仁斎《いとうじんさい》や荻生徂徠《おぎゅうそらい》らは、孔子以前の古典を直接研究するべきだと主張しました。この儒学の一派は「古学」と呼ばれます。

大塩平八郎《おおしおへいはちろう》の乱

道徳の実践を重視する陽明学者・大塩平八郎は、1837年、貧しい庶民を救うために反乱を起こした。

第2章

意外なことだらけ？

江戸の町のしくみ

江戸の人たちは、どんな家に住み、どんな暮らしをしていたのでしょうか？
さまざまな文化を生み出す舞台となった、江戸の町のしくみを解説していきます。

07

町人が住んだ「長《なが》屋《や》」。どんな家だった？

なるほど！

今でいう集合賃貸住宅。簡素で細長い住まいだった！

約50万人もいた江戸の町人たちは、江戸の面積の約16％しかない町人地に住んでいました（→P16）。人口密度が高い地域で、町人たちはどのように暮らしていたのでしょうか？

江戸の町人は、「長屋」と呼ばれる集合賃貸住宅に住んでいました。江戸の標準的な町割（都市の区画）は、正面が京間《きょうま》60間《けん》（約120ｍ）、奥行きが京間20間（約40ｍ）で、**表通りには商店と住居を兼ねた「表長屋」（表店《おもてだな》）や土蔵が並んでいました**（図1）。

表長屋は2階建ての立派な建物が多く、1階は店舗、2階は住居として使われました。表店が並ぶ間には木戸（路地木戸）があって、その先に伸びる路地を進むと、簡素で細長い建物が数軒連なっていました。**建物の内部は複数の壁で仕切られていて、数戸～10数戸の小さな家に分かれていました**（図2）。これが「**裏長屋**」（**裏店《うらだな》**）で、**江戸の町人の約70％は裏長屋に住んでいた**といわれます。一般的に「長屋」といえば、裏長屋のことをいいます。

長屋の大家の多くは、地主から長屋の管理を任されていました。今でいうアパートの管理人ですね。こうした長屋は「店貸《たなが》し」と呼ばれる賃貸住宅で、「店子《たなこ》」と呼ばれた長屋の住人は、店賃《たなちん》（家賃）を支払うだけでなく、結婚・出産・離婚・死亡などの公的な手続きも大家にしてもらいました。こうしたことから、「**大家といえば親も同然、店子といえば子も同然**」という言葉が生まれたそうです。

表通りの裏に建ち並ぶ「裏長屋」

江戸の町割〔図1〕

裏長屋（裏店）は、表通りの裏側に建ち並んでいた。

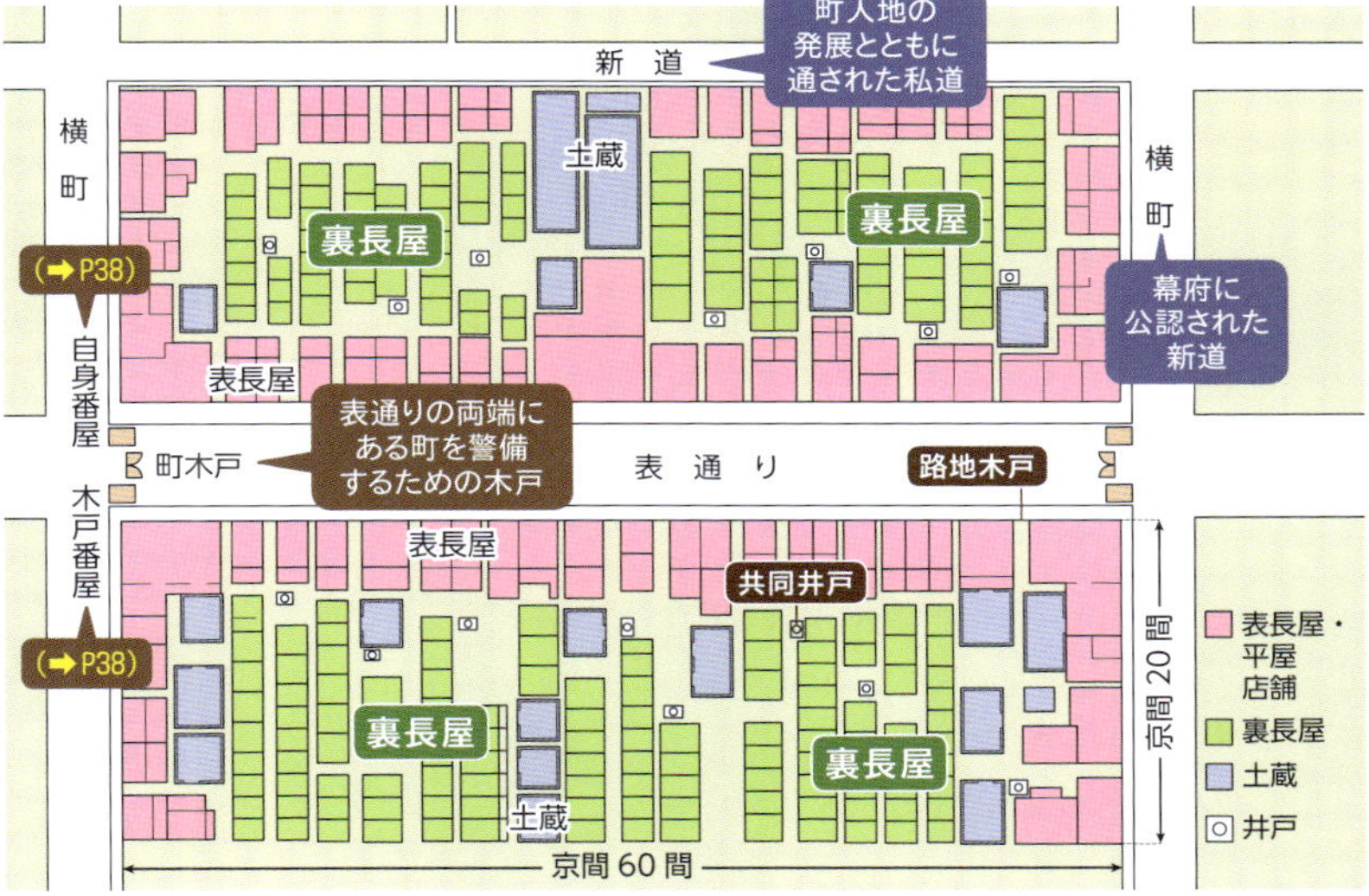

※図版参考資料：『ビジュアル・ワイド 江戸時代館』竹内誠監修（小学館）

表長屋と裏長屋〔図2〕

表長屋の店と店の間の木戸（路地木戸）の奥に、裏長屋が建ち並んでいた。

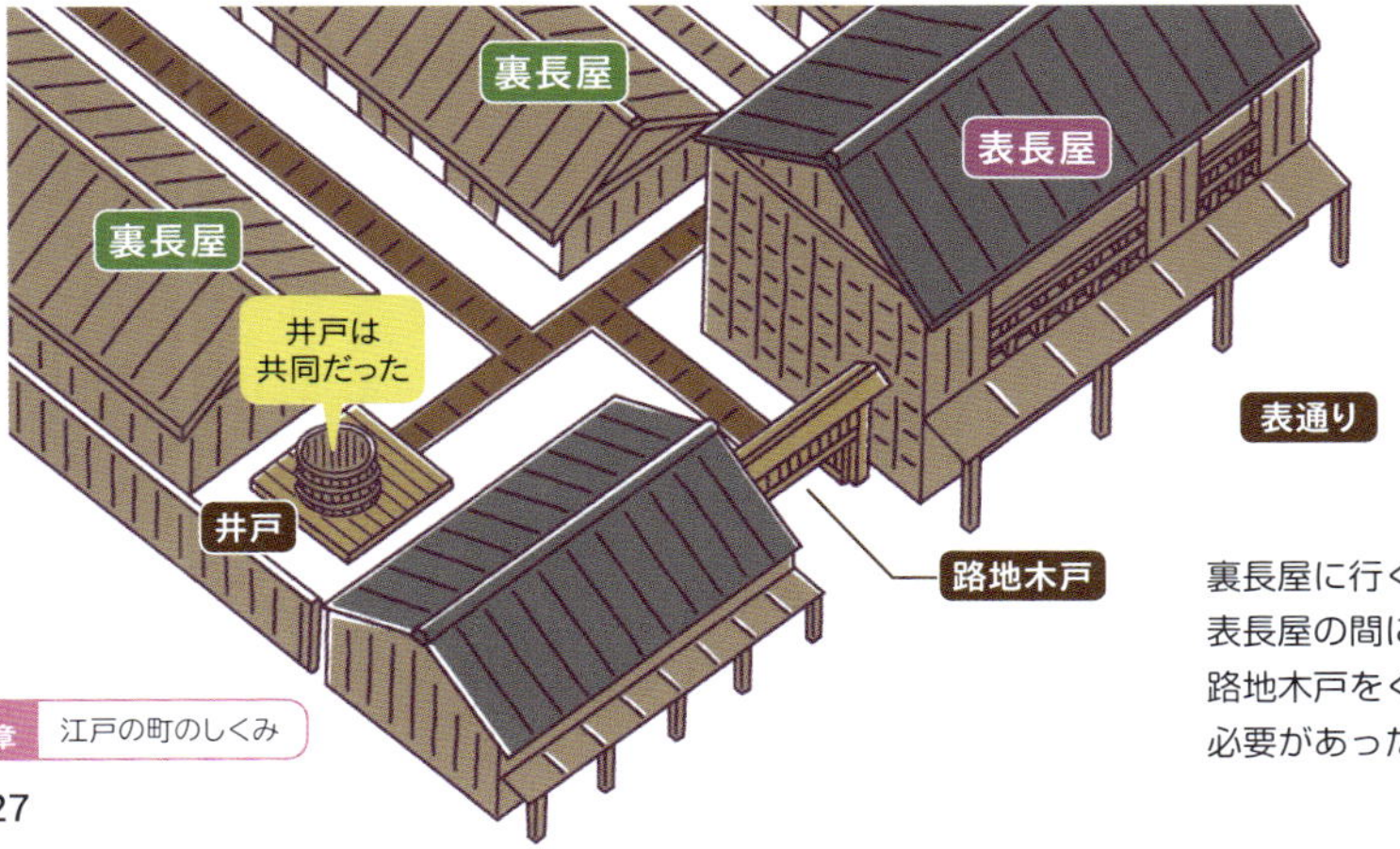

裏長屋に行くには、表長屋の間にある路地木戸をくぐる必要があった。

08

長屋の間取りはどんなもの？

なるほど！

4〜6畳1間《ひとま》のワンルーム。家賃は月1〜2万円程度！

江戸時代の長屋（裏長屋）って、どんな間取りだったのでしょうか？　長屋は今でいう「**6畳1間のワンルーム**」で、建物には「割《わり》長屋」と「棟割《むねわり》長屋」がありました。割長屋は**一棟の建物を複数の壁で仕切ったもの**です。割長屋の特徴は、奥にも窓（障子）があること。このため部屋が明るく、換気も良好でした。標準的な広さは間口が9尺（約2・7m）で、奥行きは2間半《けん》（約4・5m）。店賃《たなちん》は月2万円ぐらいだったそうです。

棟割長屋は、仕切りの壁によって部屋をつくり、さらに棟木を基準に壁をつくって両側に分けたもので、**2世帯が背中合わせに住んでいました**。棟割長屋の標準的な広さは割長屋よりも狭く、間口は9尺で同じですが、奥行きは2間（約3・6m）しかなく、俗に「**九尺二間の裏長屋**」といわれました。棟割長屋は入口以外がすべて壁になるので換気が悪く、煮炊き用の煙を外に出すための天窓が取り付けられていました（左図）。店賃は月1万円程度です。

長屋の入口に土間や流し（台所）があったので、**棟割長屋の場合、実際の住居スペースは4畳半くらい**でした。この狭い空間に、家族5人が暮らすこともめずらしくなかったといいます。当然、家具を置くスペースもないので、衣類や布団、火鉢、行灯《あんどん》（照明道具）、炊事道具、食器などの生活必需品や、それ以外に必要な物は、「**損料屋《そんりょうや》」と呼ばれるレンタルショップから借りる**ことができました。

狭い部屋が連なった集合住宅

長屋の内部

長屋にはかまどや木製の流しなどが設けられていた。狭い部屋には必要最小限の生活用品しか置かれていなかった。

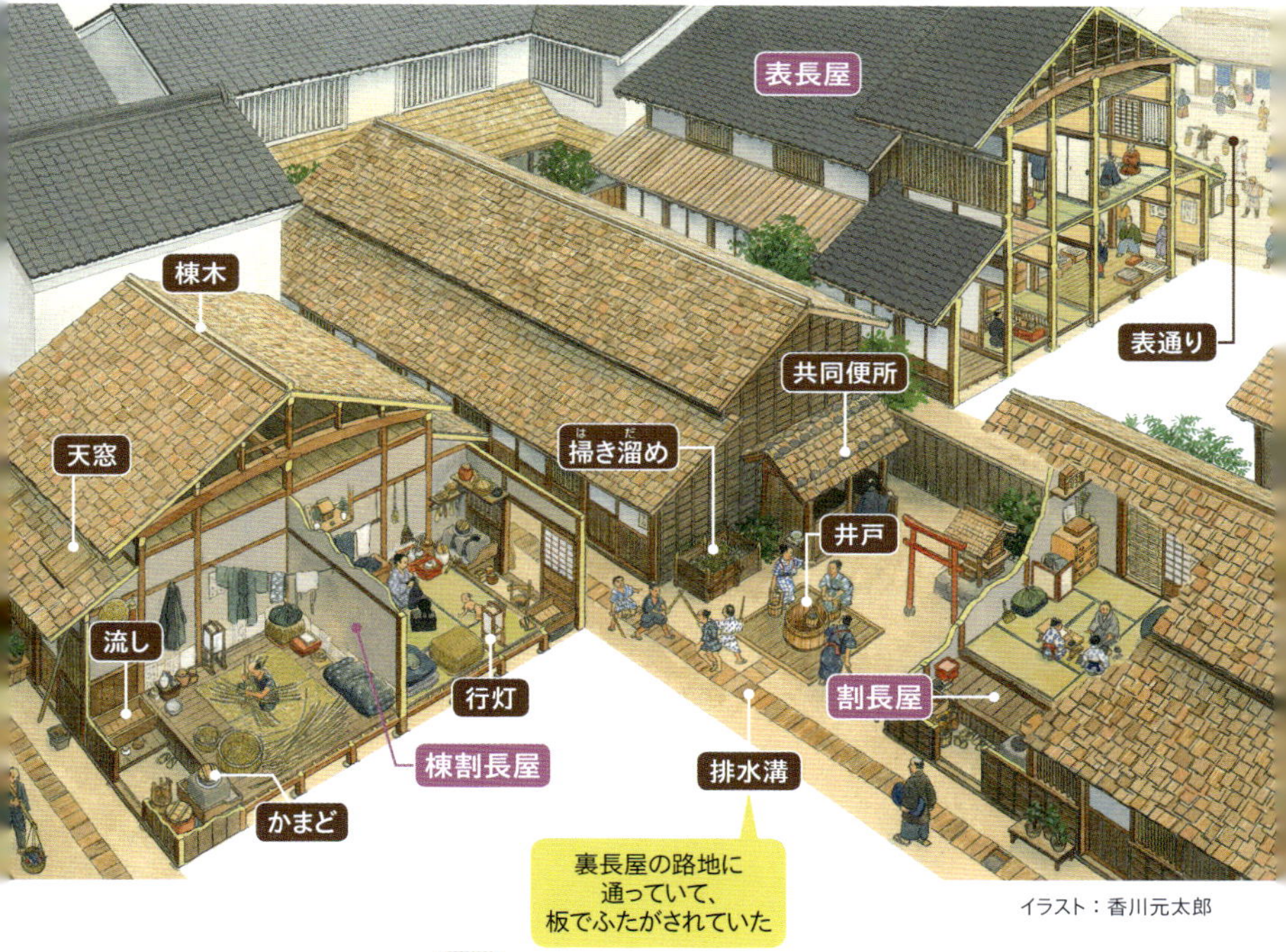

イラスト：香川元太郎

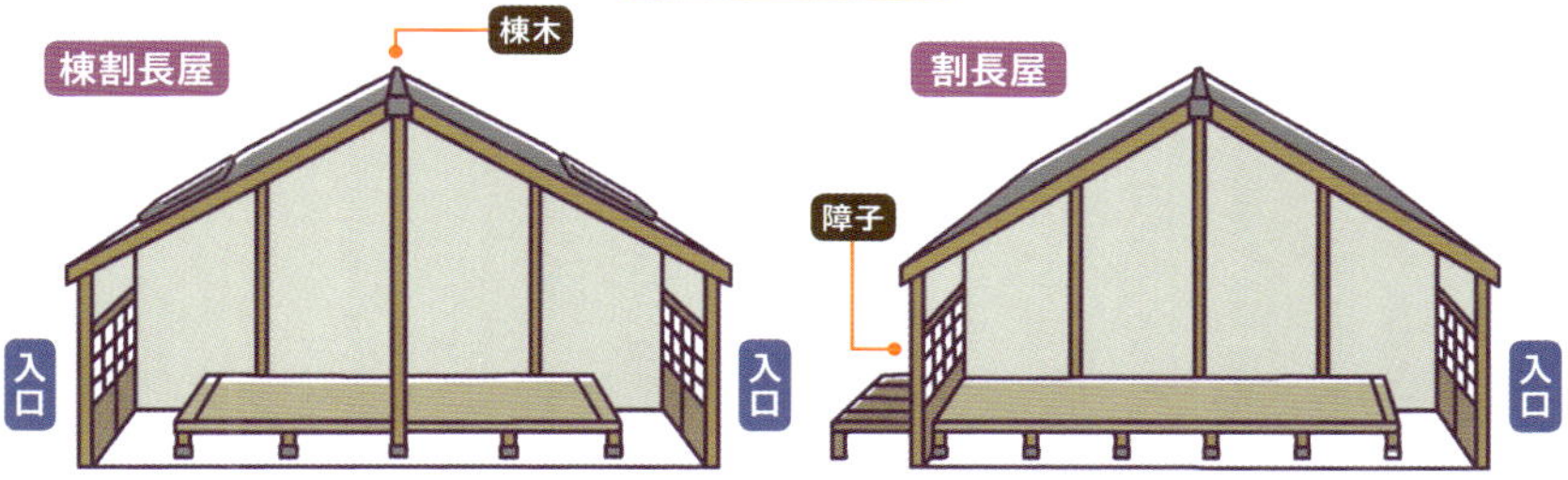

入口以外から採光できないので、部屋の中は暗かった。

入口の反対側に障子が立てられるタイプ。風通しがよく、棟割長屋より部屋の中は明るかった。

09 江戸時代から水道があった？

なるほど！

水道の始まりは江戸時代。**世界最高水準**の技術だった！

現代の日本では当たり前にある水道。**日本で最初に本格的な水道が建設されたのは江戸の町**といわれており、町民たちも水道を使っていたそうです。長屋の共同井戸の水は、上水道から給水された水でした。もともと江戸の町は海岸に近く、さらに埋め立て地が多かったので、井戸を掘っても出る水は塩分が濃くて飲料水には適しませんでした。そのため幕府は、**神田上水や玉川上水などの上水道を開削し、江戸市中の地下に木樋《もくひ》を張りめぐらせ、江戸中の井戸に給水した**のです。

玉川上水は、全長が約43㎞もありながら高低差は92mしかなく、給水システムとして当時の世界最高技術といえるものでした。その後も、亀有・青山・三田・千川の4上水が開設されました〔図1〕。

江戸の住人たちは、井戸の管理を自分たちで行っていました。**毎年7月7日、長屋の住民は総出で「井戸さらい」（井戸替え）と呼ばれる大掃除をしました。**長屋の井戸は、逆さにした樽を積み重ねたような構造で、木樋から給水されていました〔図2〕。井戸さらいでは、木樋からの給水を止めて井戸の中の水をくみ出した後、中のごみを拾い、井戸の内側を洗ったのです。井戸の底に降りるのは危険だったので、井戸さらい専門の職人もいました。大名屋敷の立派な井戸も、この日に井戸さらいをしました。**江戸の井戸の水源は同じ上水道につながっていたので、同時に清掃しないと意味がなかった**のです。

上水道の水が井戸水になる

江戸の上水道〔図1〕

江戸時代初期の上水は神田上水だけだったが、玉川上水が開設されて以降、6上水にまで増えた。しかし1722年、亀有・青山・三田・千川の4上水が突然、廃止された。江戸の人口増加を抑えるためだったといわれる。

※図版参考資料：『地図・グラフ・図解でみる 一目でわかる江戸時代』竹内誠監修（小学館）

井戸の構造〔図2〕

上水道の水は、地中に張りめぐらされた木樋から竹《たけ》樋《どい》を通って井戸に引き入れられた。

井戸は底がない樽を積み重ねたような構造だった。

神田上水の懸樋《かけひ》

神田上水が神田川をまたぐ箇所には、懸樋をかけて神田方面に給水していた。この懸樋が水道橋（千代田区・文京区）の地名の由来になっている。

「東都名所お茶の水之図」国立国会図書館所蔵

Q 富くじの当選金額は、今の何円ぐらい?

100万円 or 1,000万円 or 1億円 or 10億円

「富くじ」(富突き)とは、江戸時代の「宝くじ」です。番号を記した富札《とみふだ》(くじ札)を売り出し、当選番号の富札を買った人に当選金が支払われるというものです。

当初、幕府は射幸心をあおる賭博として富くじを禁止していましたが、江戸時代中期に、**寺社が修繕費用を調達する目的に限って富くじの販売を許可**しました。

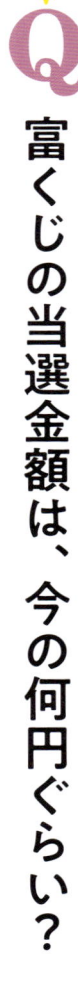

富くじの抽選方法は、まず、番号を記した富札を販売します。寺社によって違いがありましたが、**富くじ1枚の値段は、金1朱〜金2分（約6000円〜約5万円）と現代の宝くじと比べて高価**でした。

長屋暮らしの町人たちは、ご近所や親類縁者とお金を出し合って、何人かで1枚の富札を買っていたそうです。

抽選日には、大きな木箱（富箱《とみばこ》）の中に富札と同じ番号を記した木札（富駒《とみこま》）を多数入れて、木箱に開けられた穴に錐を突き入れて木札を取り出します。木札の番号と同じ番号の富札を持つ者に当選金が支払われました。**当たり札は100枚あり、当選金の最高金額は1000両**。1両を約10万円として計算すると、約1億円。これが正解です。

江戸時代後期、富くじは最盛期を迎えますが、飽和状態になって赤字になる富くじが増えます。そして1842年、「天保《てんぽう》の改革」によって全面的に禁止されてしまいました。

富くじの抽選

大勢の人が集まり、寺社の舞台などで行われた。この絵では、錐の先に木札（富駒）が突き刺さっていて、富札を持つ者たちが「当たりは拙者でござる」などと言い合っている。

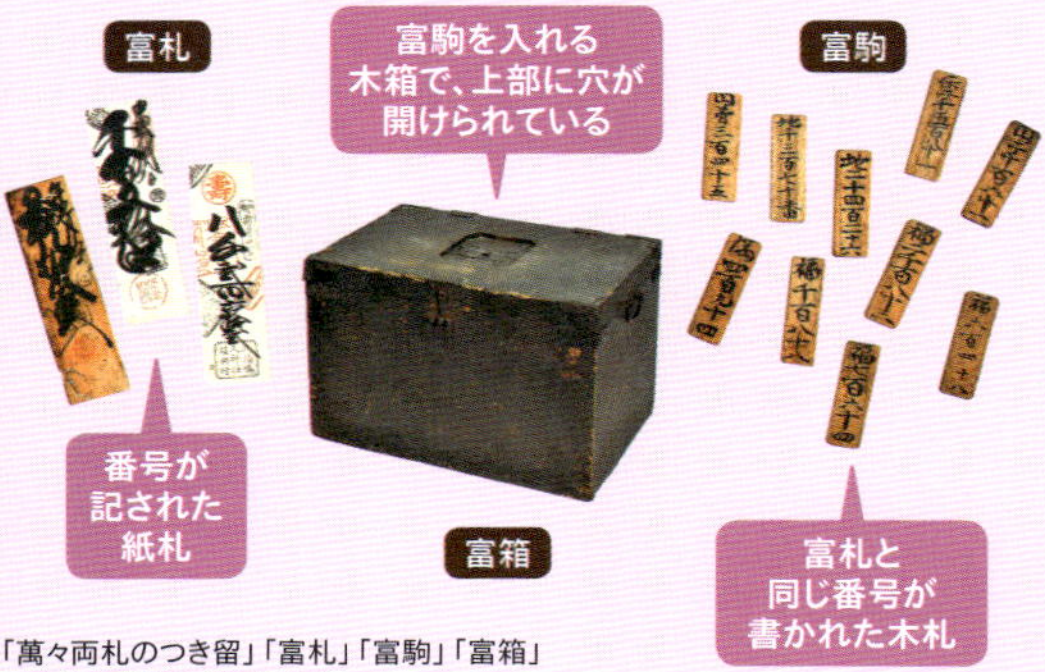

「萬々両札のつき留」「富札」「富駒」「富箱」
日本銀行貨幣博物館所蔵

10 「井《い》戸《ど》端《ばた》会議」の語源は長屋にある？

なるほど！

長屋の女性たちが**井戸端に集まって世間話**したのが由来！

人が集まって噂話をすることを「井戸端会議」といいますね。この語源は、江戸時代の長屋にあるといわれています。

長屋の朝は、明六《あけむ》つ（午前6時頃）に路地木戸が開くと始まりましたが、長屋の女性たちはその前から朝ご飯の準備をしました。**燃料節約のため、江戸では朝に1日分の米を一度に炊くことが一般的だった**ので、女性たちは井戸に集まってあいさつを交わしながら水をくみ、部屋の水瓶まで運び、米を研いでかまどに火をおこし、ご飯を炊きました。その間に井戸で顔を洗って歯をみがき、身支度をします。

その頃には、商品を売り歩く棒手振《ぼてふ》り（⇒P96）が姿を現すので、朝食のおかずとしてしじみや豆腐などを買い、みそ汁に入れておかずにします。炊き上がったご飯を茶碗によそい、家族を起こして朝食となりました〔図1〕。そして夫を仕事に、子どもを寺子屋（⇒P120）に送り出すと、残ったご飯を木製の飯櫃《めしびつ》に移して昼食や夕食用に保存しました。**長屋の女性は非常に忙しく過ごしていた**のです。

朝食の後片づけの後は、洗濯の時間です。女性たちは井戸端に集まり、たらいに井戸水を張って、衣類をもみ洗いしました〔図2〕。洗剤には灰汁《あく》（灰の上澄み液）や米の研ぎ汁などが使われました。**長屋の女性たちは水くみや洗濯をしながら、世間話や噂話に花を咲かせる「井戸端会議」で気晴らし**をしていました。これが語源となったのですね。

炊事と洗濯で大忙しだった女性たち

長屋の朝食の風景〔図1〕

朝食は「温かいご飯・みそ汁・漬物」が定番だった。江戸時代には食卓を囲む習慣はなく、一人ひとり専用の「箱膳《はこぜん》」が使われた。

朝・昼・晩の１日３食の食事習慣が定着したのは、江戸時代中期以降とされる。

箱膳 茶碗や箸を収納できる箱で、箱のふたを裏返してテーブルにして使った。

着物の「洗い張り」〔図2〕

襦袢《じゅばん》やふんどしなどの下着は毎日のように洗濯していたが、着物は衣替えの時期など、年に数回だけ洗った。このときは、着物の縫い目を解いて１枚の布に戻して洗濯し、板などに張りつけて乾かした。これを「洗い張り」といい、洗い張り専門の業者もいた。

洗い張りを終えると、季節に合わせて着物に裏地をつけたり、綿を入れたりする必要があった。

11 長屋暮らしは意外とごみが出ない？

なるほど！

長屋から出る糞尿や**生ごみは徹底的にリサイクル**された！

長屋には多くの町人が暮らしていて、共同井戸のほかに、**共同便所やごみ捨て場**などもありました。長屋の共同便所は「**総**《そう》**後**《こう》**架**《か》」と呼ばれ、床は板敷きで、中央部分に長方形の穴が開けられていました。

ちなみに、**扉は下半分しかなく、しゃがんで頭が見えるくらいの高さ**なので、中に誰がいるかすぐにわかる状態でした。男女共用だったため、女性はのぞかれていないか気になり、落ち着いて用を足せなかったそうです。

長屋の便所に溜まった住人の糞尿は、下《しも》**肥**《ごえ》**（有機肥料）として近隣の農家に買い取られ**、その代金は大家の臨時収入になりました。長屋の規模や時代にもよりますが、糞尿代は年間で10両～20両（約1000万～約2000万円）にもなったそうです（一般的な大家の給金は年間20両ほど）〔図1〕。糞尿がリサイクルされることで、下水が川に流れたりしなかったので、江戸は同時代のパリやロンドンよりもはるかに衛生的な町だったのです。

長屋のごみ捨て場は「掃《は》**き溜**《だ》**め」と呼ばれました**〔図2〕。生ごみは、糞尿と同じく農家に肥料として買い取られていたので、掃き溜めに出されるのは割れた皿くらいだったといいます。さらに、かまどから出る灰は洗剤として利用したほか、「**灰**《はい》**買**《が》**い**」と**呼ばれる業者が買い取り、染色などに使われました。**

このように、長屋暮らしはごみがとても少なく、今よりも徹底したリサイクル生活だったのです。

長屋の糞尿とごみは資源だった

糞尿の回収〔図1〕

長屋の共同便所から糞尿を回収するのは「汚穢屋《おわいや》」と呼ばれる業者で、買い取った糞尿を農家に転売した。

公衆便所

江戸には公衆便所も設置されていた。便所のつくりは、長屋の便所と同じだった。

「江戸名所道外尽 廿八 妻恋こみ坂の景」国立国会図書館所蔵

長屋の「掃き溜め」〔図2〕

リサイクルが徹底されていたので、長屋からごみはほとんど出なかった。

掃き溜めに集められたごみは、町内の集積場に集められ、隅田川河口の永代島まで船で運ばれて捨てられた。

灰買い

かまどから出る灰は、灰買いが買い取った。灰買いの顔は、いつも灰で真っ白だったという。

12

長屋の安全は町人自身で守っていた？

なるほど！

町人自身が、「木戸番屋《きどばんや》」と「自身番屋《じしんばんや》」で治安を守った！

江戸時代中期、江戸の町人の人口は約50万人でした。これに対し、江戸の治安を担当する町奉行の役人の数は約３００人。……この人数で、どうやって江戸の治安を維持していたのでしょうか？

実は、町奉行は町年寄《まちどしより》や名主《なぬし》などの町役人《ちょうやくにん》に町の自治を任せていました。**町役人の指示のもと、町人たちは自分たちの町の治安を守っていた**のです。

町の防犯システムの基本は、出入口に「町木戸」を設けるというもの。木戸の横には「**木戸番屋**」が建てられました。木戸番屋には「**木戸番」が住んで木戸を管理**し、明六《あけむ》つ（午前6時頃）に木戸を開いて、不審者が町に入らないようにチェックしました。暮四《くれよ》つ（午後10時頃）に木戸が閉められた後は、基本的に誰も通ることはできませんでした。木戸番は町の経費で雇われていましたが、給金がわずかだったので、副業として草履《ぞうり》や草鞋《わらじ》、鼻紙、駄菓子などを売っていました。冬には焼き芋、夏にはところてんなども売っていたそうです。

木戸番屋の反対側には「**自身番屋**」が設けられていました。自身番屋は**現在の交番と町役場を兼ねたような施設**で、町の地主や家主《いえぬし》（長屋の大家）のほか、町の経費で雇われた書役《かきやく》（事務職）などが交代で勤務し、自身番屋に詰めている人は「自身番」と呼ばれました。自身番屋では、町政の事務や町内の警備のほか、町奉行所の同心《どうしん》（下級役人）が容疑者を連行し、取り調べを行うこともありました【左図】。

町人が自分たちの町を警備した

町の治安は自分で守る

町の出入口には木戸番屋と自身番屋が置かれ、不審者を常に見張っていた。

火《ひ》の見《み》櫓《やぐら》
火事を見張るための櫓
自身番屋
不審者や犯罪の容疑者を勾留した
町木戸
午前6時頃に開けられ、午後10時頃に閉められた
木戸番屋
日用品も販売し、現代のコンビニの役割を果たしていた

自身番

自身番屋への連行

同心は不審者を見つけると自身番屋に連行して尋問した。時代劇などで同心が十手を見せながら、「番屋まで来てもらおうか」というときの番屋は自身番屋のこと。自身番屋には捕物道具も置かれていた。

13 江戸の「時間」は季節次第？

なるほど！

江戸の時間の基準「一刻《いっこく》」は、昼と夜、季節によって違った！

江戸時代にも時計はありましたが、とても高価で貴重なものだったので、限られた人しか持っていませんでした。江戸の人たちはどのようにして時刻を知っていたのでしょうか？

江戸時代の時刻は、太陽の動きを基準にする「不定時法」が使われていました。夜明け（日の出の約30分前）から、日暮れ（日没の約30分後）までを6等分し、さらに夜の時間を6等分し、その1つ分の時間を「一刻」とするのです。つまり、**1日のうちで昼と夜の一刻の長さは変わり、季節によっても変わった**のです。夏至《げし》の日の昼間は一刻が約2時間40分となり、冬至《とうじ》の日の昼間は一刻が約1時間50分になりました。また、時刻の呼び方には、数と十二支が使われ、数は**「四《よっ》」まで下がると「九《ここのっ》」に戻る**という独特の数え方でした〔図1〕。

不定時法が使われたのは、江戸の人たちが日の出とともに起床し、日没後は早めに寝るという生活パターンだったためです。当時の照明器具「行灯《あんどん》」は豆電球くらいの明るさしかなく、油は貴重で高価だったので、夜更かしをする人は少なかったのです。

江戸の人たちは、太陽の位置でおおよその時刻がわかったといいますが、**くわしい時刻は「時の鐘」と呼ばれる鐘の音で知らせていました。**時の鐘は、日本橋石町《こくちょう》が鳴らしてから上野寛永寺《かんえいじ》が鳴らし、その音を聞いた市ケ谷や赤坂、芝、目白、浅草などの寺が次々と鳴らしていったそうです〔図2〕。

時刻も生活も太陽の動きに合わせた

江戸の時刻の呼び方〔図1〕

江戸の時刻の基準は、日の出の約30分前を「明六《あけむ》つ」、日没の約30分後を「暮六《くれむ》つ」として、昼間を6等分した。

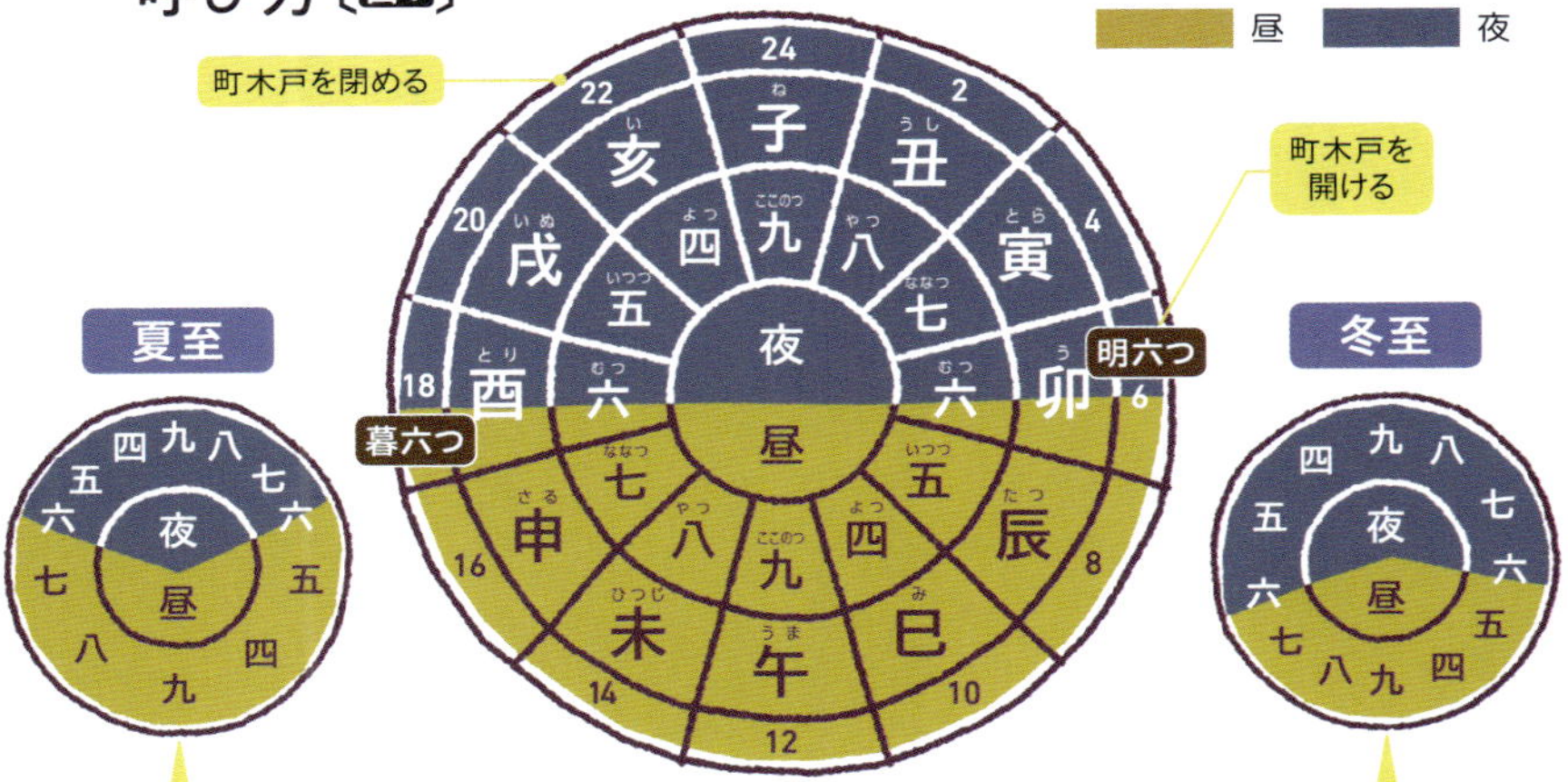

江戸時代の町人は時刻を数で表したが、武士は午前0時の前後2時間を「子の刻」、次の2時間を「丑の刻」と、十二支で表す「辰刻法《しんこくほう》」を使った。現在の「正午」「午前」「午後」という表記は「午の刻」が由来である。

時刻を知らせる「時の鐘」〔図2〕

江戸の人たちに時刻を知らせる「時の鐘」は、まず、注意を引くために3回打ち、その後に知らせたい時刻の数を打った。

浅草寺の「時の鐘」

江戸の「時の鐘」は9か所に設置されていた。浅草寺《せんそうじ》（台東区）はそのうちのひとつ。

「東京名所四十八景 浅草寺境内弁天山」（部分）
東京都立中央図書館所蔵

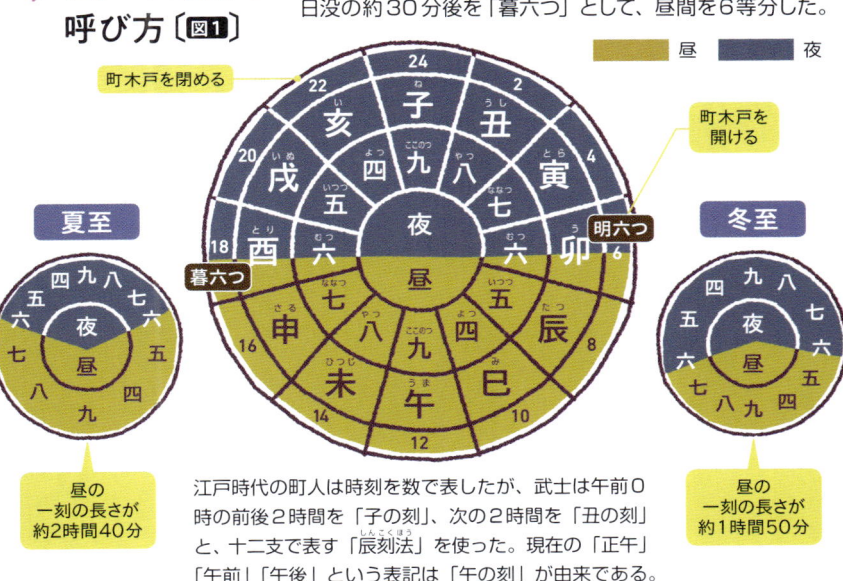

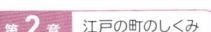

14

江戸は明《めい》暦《れき》の大火で大きく変わった？

なるほど！

明暦の大火後の被害を教訓に、江戸が**防災都市**に変貌！

江戸の町人地は超過密地帯で、長屋の建物は木造です。しかも冬場は空気が乾燥するので、火事が広がりやすい町でした。**江戸で起きた火災の中で、最大の被害をもたらしたのが「明暦の大火」**です。

この大火災が発生したのは1657年1月。本郷、小石川、麹町《こうじまち》の3か所から出た炎は、強風にあおられて神田、日本橋、芝方面へと広がりました。江戸城の本丸や天守も焼失し、大名屋敷も炎に包まれました。**火災は3日間続き、江戸の約60％を焼き払い、犠牲者は10万人以上に及びました**〔図1〕。

江戸の復興に乗り出した幕府は、大川（隅田川）に両国橋や永代橋《えいたいばし》をかけました。それまで大川には江戸城の外堀の役割があったので橋はかけられておらず、そのために大川を渡れずに多くの人が逃げ遅れて犠牲になったのです。また、人口の密集を和らげるため、大川の東岸に本所・深川などの町を新たに建設しました。消火しにくい大屋根のある寺社は郊外に移転させ、**延焼を防ぐために「火除地《ひよけち》」と呼ばれる広場や道幅の広い「広小路《ひろこうじ》」を設けました。**さらに、火事の発生を見張る「火の見櫓《ひのみやぐら》」が江戸の各所に建てられ、燃えにくい土蔵や瓦屋根が推奨されるようになったのです〔図2〕。

その後も江戸では頻繁に火災が発生し、明和《めいわ》の大火（1772年）や文化《ぶんか》の大火（1806年）などの大規模な火災も起きましたが、明暦の大火ほどの大きな犠牲を出すことはありませんでした。

大火災で生まれ変わった江戸の町

明暦の大火〔図1〕

明暦の大火は、延焼面積や犠牲者数において日本史上最大の火災だった。幕府は、大火の犠牲者を供養するため、両国（墨田区）に回向院《えこういん》を建立した。

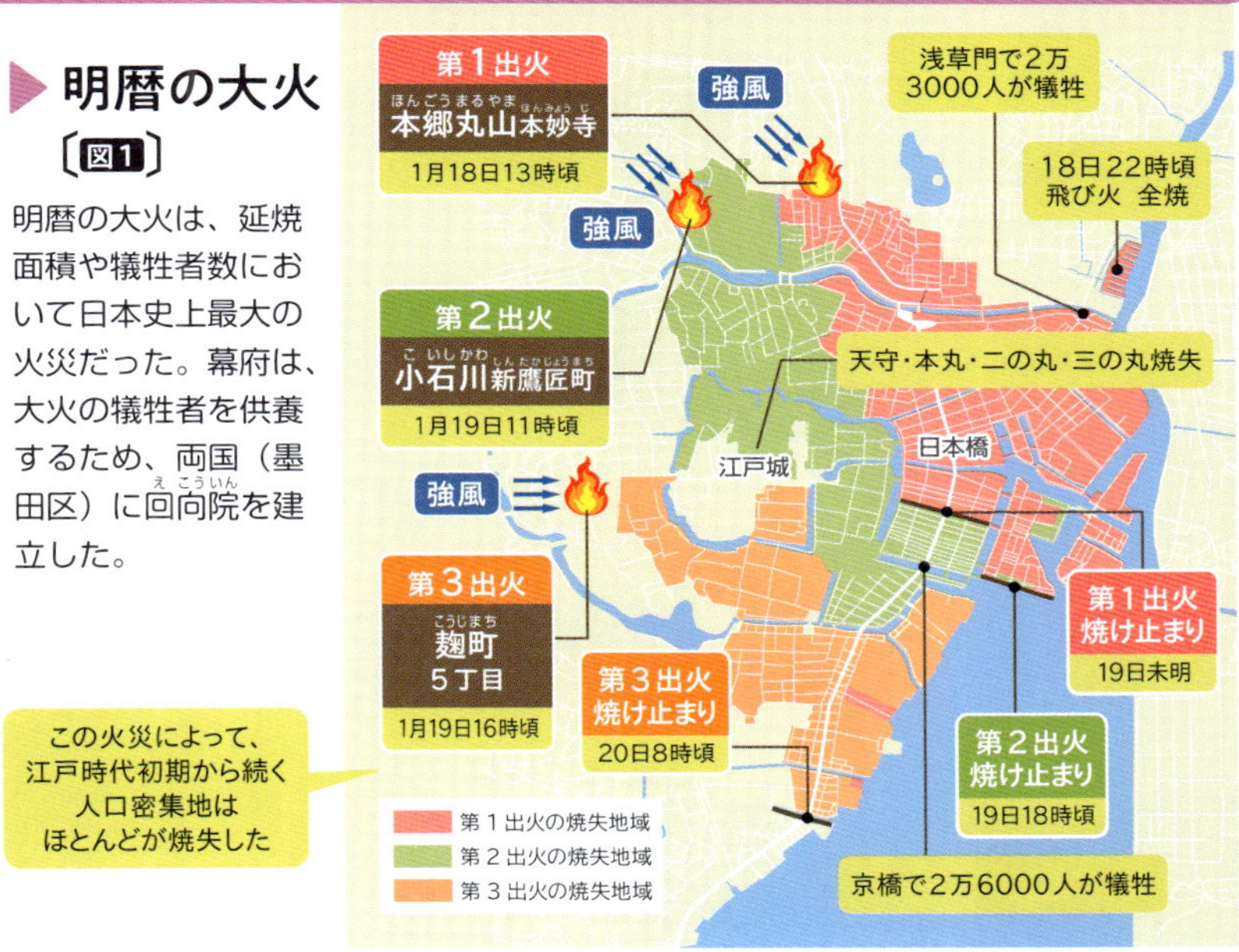

※図版参考資料：『地図・グラフ・図解でみる一目でわかる江戸時代』竹内誠監修（小学館）

江戸の防火対策〔図2〕

明暦の大火後、幕府は江戸の火災被害を抑える対策を進めた。

広小路

道幅を広くすることで延焼を防ぐ防火帯にした。上野広小路などの地名に名残《なごり》をとどめている。

火の見櫓

明暦の大火後、幕府直属の消火組織「定火消《じょうびけし》」が設けられ、火消屋敷や武家地には火の見櫓が建てられた。

江戸クイズ 1

ここは、東京のどこ？

江戸市中編

ここに示した絵は江戸市中のある場所です。現在の東京では、どこになるでしょうか？

Q1

ヒント

現在、この大きな池はありませんが、地名に池の名前が残っています。

Q2

ヒント

幅の広い道に大きな店が建っています。この店の名は「松坂屋」といいます。

Q3

ヒント

幅の広い坂道にいくつもの石段が築かれています。坂の下から上までの石段の数は９段あります。

Q4

ヒント

武士が流鏑馬《やぶさめ》（馬上から的に矢を射る馬術）をしています。

Q5

ヒント

手前の池は江戸城の外堀です。建物の場所は現在の防衛省です。

Q6

ヒント

堀の向こう側に見えるのは、幕末の大老・井伊直弼《いいなおすけ》で知られる井伊家の屋敷です。

Q7

ヒント

大きな赤い門が印象的です。この赤い門は現在も残っています。

答えは186ページ

15 江戸のお風呂文化はどんなもの？

なるほど！ **長屋に風呂はなく**、町人も武士も**湯屋《ゆや》に通う**ことが多かった！

長屋には風呂はありません。江戸の町人たちはどこで風呂に入っていたのでしょうか？ 江戸には**「湯屋」と呼ばれる銭湯があり、早朝から夜まで営業していました**。江戸時代後期には、江戸に６００軒の湯屋があったそうです。江戸の町は風が強く、土ぼこりで体が汚れるため、一般の町人だけでなく裕福な商人や武士なども毎日のように湯屋に通いました。当初、湯屋は「入込湯《いりごみゆ》」と呼ばれる男女混浴でしたが、**幕府は風紀を乱すという理由で、何度も混浴を禁止**したため、男湯・女湯を備えた湯屋が増えていきました。改装資金のない湯屋は、男女の入浴日や入浴時間を分けたり、浴槽に仕切りをつくりましたが、混浴のまま営業を続ける湯屋もありました。

湯屋の利用方法は、まず番台で入浴料を払います。江戸時代後期で、入浴料はおよそ10文《もん》（約２００円）。毎日入浴するような人には、月単位のフリーパスもあり、料金はおよそ１４８文（約２９６０円）でした。脱衣所で衣服を脱いだ後は「洗い場」で体を洗い、汚れを落とします。**浴槽には、洗い場の奥にある「ざくろ口」と呼ばれる鳥居形の仕切り板の下から、身をかがめて入ります**。ざくろ口の内部は採光もなく薄暗かったので、浴槽に入るときは「冷え者（冷たい体）でござい、ごめんなさい」などと声をかけるのがマナーでした。また、男湯の2階は座敷になっていて、囲碁・将棋を楽しんだり、茶菓子を楽しんだりできました〔左図〕。

湯屋は江戸の人たちの憩いの場

湯屋の構造

1791年に湯屋での混浴が禁止された後の、男湯・女湯が分かれた湯屋の復元図。

イラスト：香川元太郎

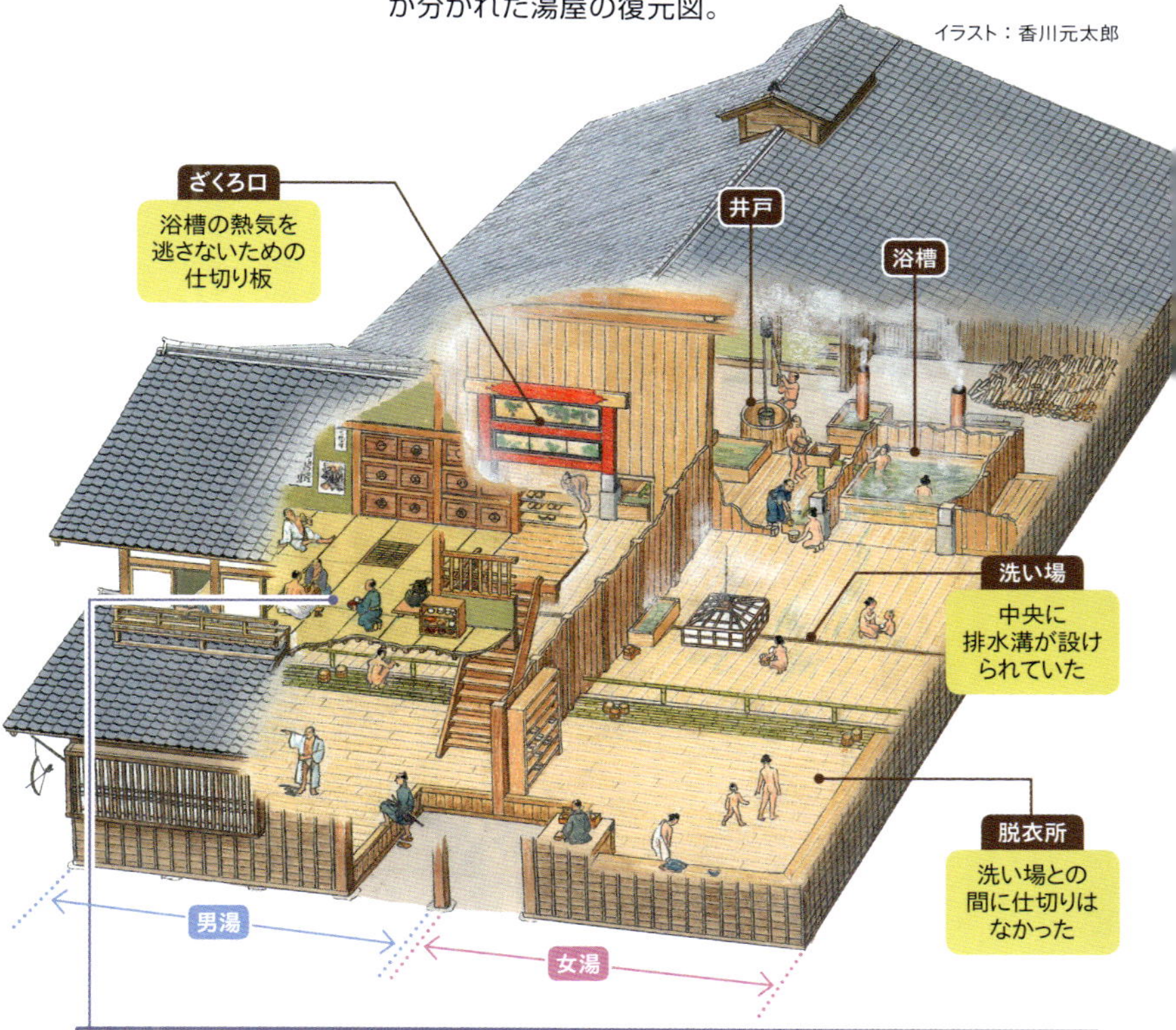

2階座敷

男性だけに2階座敷があるのは、武士が入浴するときに預けた刀が2階に置かれたため。2階は別料金が必要で、おもに武士や商人が利用し、身分や階層を超えた社交場となった。

16 「た〜まや〜」は江戸の花火屋の名前？

なるほど！

両国の川開きの花火を、**「玉屋」**などが担当していた！

現在、毎年7月末に開催される「隅田川花火大会」。始まったのは1978年と意外に新しいのですが、起源は江戸時代の1733年とされています。前年に起きた飢饉《ききん》と疫病で犠牲になった人たちの慰霊《いれい》と悪疫退散《あくえきたいさん》を願って、**8代将軍・徳川吉宗《とくがわよしむね》が両国（現在の中央区・墨田区）で「川開き」を行い、花火を打ち上げさせたのが始まり**だそうです。

川開きとは、納涼開始を祝うのと当時に、水難者の供養や水難事故防止を祈願《きがん》する行事のこと。これが好評だったため、両国橋では毎年5月28日から3か月間が川開きの期間とされ、川開きの初日に花火が打ち上げられるようになったといいます。花火の費用は、集客を見込める両国の船宿・茶屋・料理屋などが負担しました。**やがて毎日のように花火が打ち上げられるようになり、多くの見物客が集まる夏の大イベントになりました**（左上図）。

両国での花火の打ち上げは「鍵屋」という花火屋が担当していましたが、1800年代になると鍵屋から暖簾《のれん》分けした「玉屋」も加わります。両国橋の下流を鍵屋が、上流を玉屋が受け持つようになり、両者は交互に花火を打ち上げ、競い合うようになりました。**見物客は「玉屋ぁ〜」「鍵屋ぁ〜」とかけ声**

夏の風物詩になった両国の花火大会

を上げて大いに盛り上がりました。

ところが1843年に、玉屋は火事を起こして江戸から追放されます。しかしその名残《なごり》で、「た～まや～（玉屋）」のかけ声は現在も残っています。

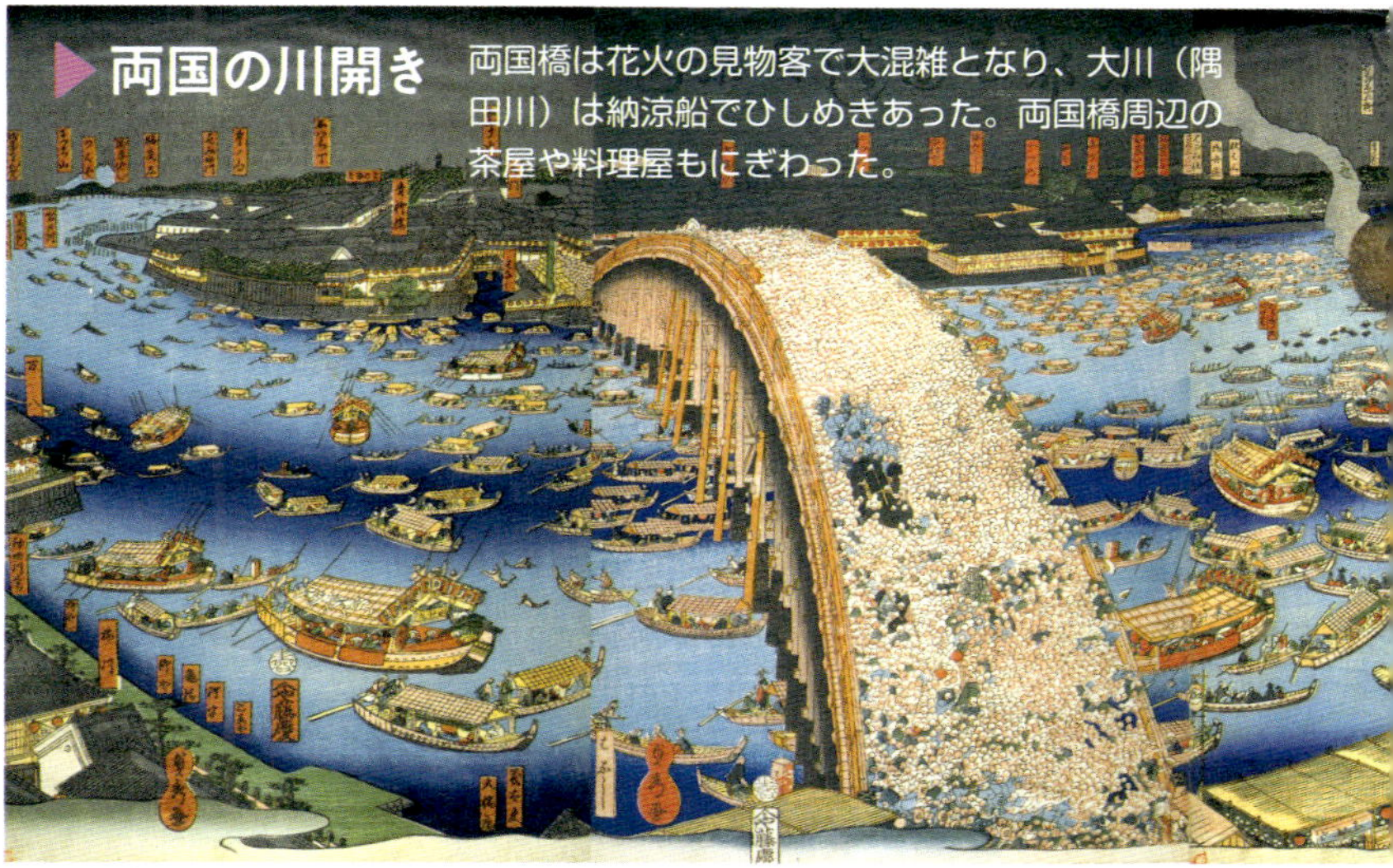

両国の川開き

両国橋は花火の見物客で大混雑となり、大川（隅田川）は納涼船でひしめきあった。両国橋周辺の茶屋や料理屋もにぎわった。

「東都両国ばし夏景色」国立国会図書館所蔵

納涼船で花火を楽しむ女性たち

両国川開きでは、納涼船で飲食をしながら花火を見物するのが粋な楽しみ方だった。当時の花火はオレンジ色のみで、ひと晩に20発前後だったといわれる。

隅田川は重要な輸送路だったので、庶民の船遊びは禁止されていたが、川開きの期間だけは許可された。

17

江戸の桜の名所は吉宗《よしむね》がつくった？

なるほど！

倹約令の不満を解消するため、**吉宗がお花見を推奨**した！

現在、日本の人々が楽しむお花見。江戸時代にもお花見の文化はあったのでしょうか？

江戸の人たちは、**江戸時代初期から寺社の境内《けいだい》の桜を鑑賞**していたそうです。現代の桜の名所である上野公園（台東区）でも花見が行われていましたが、当時は将軍家の菩提寺《ぼだいじ》である寛永寺《かんえいじ》の境内だったので、宴会はできませんでした。

現在のような花見のスタイルを広めたのは、8代将軍・徳川吉宗でした〔図1〕。吉宗は飛鳥山《あすかやま》（北区）に数千本もの桜を植えて開放し、飲酒や仮装、唄、踊りなどを許しました。さらに吉宗は、向島《むこうじま》（墨田区）の隅田川の堤防（墨堤《ぼくてい》）や、江戸郊外の小金井（東京都小金井市）の玉川上水沿い、品川にあった御殿山《ごてんやま》にも桜を植樹して整備しました〔図2〕。

吉宗が花見を流行させようとしたのは、質素倹約を目指す「享保《きょうほう》の改革」が関連しています。吉宗は**歌舞伎や遊郭《ゆうかく》で楽しむことを「贅沢」として取り締まり**ました。一方で、これにより**不満が高まることを避けるために、健全な娯楽の場を新しく提供した**のです。

桜の新名所はおもに江戸の郊外にあったので、花見はお花見弁当を用意して出かける1日がかりのイベントになりました。ちなみに、当時の桜は、現在主流のソメイヨシノではなく、エドヒガンやヤマザクラなどさまざまな品種が時間差で咲いていたので、1か月ほど花見を楽しめたそうです。

吉宗がプロデュースした桜の新名所

桜の名所を整備した徳川吉宗〔図1〕

御三家《ごさんけ》（➡P13）の紀州藩（現在の和歌山県）の藩主だった吉宗は、江戸幕府８代将軍に選ばれると、財政を立て直すために「享保の改革」を実行した。贅沢を禁止する倹約令を出す一方、桜や桃などの花の名所を整備して新しい娯楽を提供した。

徳川吉宗
（1684〜1751）

吉宗は、５代将軍・徳川綱吉が建設した巨大な犬屋敷（中野区）の跡地に桃の木を植え、桃園《とうえん》として整備した。

墨堤での花見〔図2〕

吉宗が墨堤（隅田川の堤防）に桜を植樹したのは、花見客が集まって堤防が踏み固められることをねらったためといわれる。

吉宗は1717年に100本の桜を墨堤に植えさせ、その9年後に計150本の桜・桃・柳を増植させた。

長命寺の桜餅

隅田川の堤防近くの長命寺の門前では、桜の葉で餅を包んだ「桜餅」が名物菓子となった。

18

武士たちはどこに住んでいた？

なるほど！

幕府から与えられた武家地。大名の屋敷は広大だった！

江戸の武士たちはどのような場所に暮らしていたのでしょうか？ 江戸の面積の約68％は武家地で、**大名（藩主）や旗本・御家人（1万石以下の将軍直属の家臣）は、幕府から与えられた土地に屋敷を建てて住んでいました。**このうち、特に広大な土地に暮らしていたのが大名です。大名たちは参勤交代（→P22）によって一定期間を江戸で暮らさなければならなかったので、江戸に屋敷を構えていました。

大名屋敷は、江戸城に近い方から「**上屋敷**《かみやしき》」「**中屋敷**《なかやしき》」「**下屋敷**《しもやしき》」と呼ばれ、すべてを**総称して「大名屋敷」「江戸藩邸」**などと呼ばれます（図1）。上屋敷には大名とその家族が暮らし、藩の政務を執りました。**大名は頻繁に江戸城に登城する必要があったので、江戸城に近い上屋敷を拠点にした**のです。中屋敷には成人した後継者や、隠居した元藩主などが暮らしました。ほとんどの藩主は江戸生まれ・江戸育ちだったので、引退後も江戸で暮らすことが多かったのです。参勤交代で大名に従って上京した家臣の多くは上屋敷に住み、江戸に常駐する家臣は中屋敷に住んだそうです。下屋敷は江戸の郊外に設けられた別邸で、庭園が築かれたり、藩から送られる米などの貯蔵庫（蔵屋敷）が置かれたりしました。

旗本や御家人たちは、江戸城の西側の守りを固めるためにまとまって住んでいました。江戸の広大な面積を占める大名屋敷は、明治維新後、官庁や大学、公園などに利用されました（図2）。

江戸城周辺の広大な大名屋敷

大名屋敷の種類〔図1〕

大名屋敷には、おもに上屋敷・中屋敷・下屋敷の３種類があった。

上屋敷
大名とその妻子が住む本邸。居屋敷《いやしき》とも呼ばれる。

中屋敷
後継ぎや引退した藩主が住む。中級以上の大名がもつ。

下屋敷
江戸の郊外の別邸。倉庫を置いたものは蔵屋敷ともいう。

霞が関に建つ上屋敷〔図2〕

霞が関（千代田区）一帯には大名屋敷が建ち並んでいた。明治維新後、霞が関には中央官庁や外国公館が設けられた。現在、福岡藩上屋敷は外務省、広島藩上屋敷は国土交通省になっている。

「東都名所 霞ケ関全図」国立国会図書館所蔵

大名屋敷の利用例

紀州藩上屋敷（港区元赤坂）	➡	赤坂御用地・迎賓館
尾張藩上屋敷（新宿区市谷）	➡	防衛省
水戸藩上屋敷（文京区後楽）	➡	小石川後楽園・東京ドーム
米沢藩上屋敷（千代田区霞が関）	➡	法務省
田原藩上屋敷（千代田区隼町）	➡	最高裁判所
土佐藩上屋敷（千代田区丸の内）	➡	東京国際フォーラム
加賀藩上屋敷（文京区本郷）	➡	東京大学本郷キャンパス
西条藩上屋敷（渋谷区渋谷）	➡	青山学院大学青山キャンパス
広島藩中屋敷（千代田区永田町）	➡	国会議事堂
島原藩中屋敷（港区三田）	➡	慶應大学三田キャンパス
長州藩下屋敷（港区赤坂）	➡	東京ミッドタウン
彦根藩下屋敷（渋谷区代々木）	➡	明治神宮

19 町奉行所の仕事は超ハードだった？

なるほど！

約300人で江戸の町の裁判・行政・警察を担った！

町奉行は、江戸の町を守る幕府の役職です。町奉行が勤める町奉行所には、北町奉行所と南町奉行所がありましたが、管轄する地区を江戸の南北で分けていたのではなく、**両奉行所が1か月交代で業務を担当**していました。そう聞くと、町奉行の仕事は休みが多そうに思えますが、町奉行の仕事は、実は超ハードだったそうです。

町奉行といえば、「大岡越前」や「遠山の金さん」などの時代劇の影響で、「**お白洲《しらす》で裁判をする人**」というイメージがあるかもしれません〔図1〕。しかし、**町奉行の仕事は裁判（司法）だけでなく、立法や行政、警察、消防など、町人地・町人に関するあらゆることを担当**していました。部下は町奉行を補佐する与力《よりき》が南北奉行所で各25人、同心《どうしん》（下級役人）が各120人でした〔図2〕。つまり、300人程度の役人で江戸の町を守っていたのです。

なかでも町奉行は多忙を極め、非番のときも抱えた案件の事務処理などでフル稼働でした。午前中に江戸城に登城して老中に書類の提出などを行い、午後に町奉行所に戻った後も書類の確認や裁判の判決を出し、火事が起きると出動しました。

治安の実働部隊である与力・同心だけでは、江戸の町の治安を維持するにはまったく手が足りませんでした。このため、同心たちは手下として「**目明《めあ》かし**」「**岡《おか》っ引《び》き**」などと呼ばれる私的な使用人を雇い、犯罪捜査に協力させました。

江戸の治安を守った町奉行所の役人

町奉行所の「お白洲」〔図1〕

「お白洲」とは町奉行所の法廷のこと。裁判のほとんどは借金がらみで、裁判件数は年間で3万件を超えていた。

町奉行がお白州に出るのは、初回の尋問と判決の言い渡しの2回だけだった。

与力と同心〔図2〕

与力・同心は御家人（将軍直属の下級武士）がつき、八丁堀（中央区）に住んだ。このため、「八丁堀の旦那」などと呼ばれた。

与力

町奉行の補佐役。肩衣《かたぎぬ》に半袴《はんばかま》を着用し、騎乗が許された。

同心

与力の配下。縞《しま》か格子柄《こうしがら》の着流しに黒い羽織を着用した。

20

江戸時代の取り調べはどんなもの？

なるほど！

当時は自白が重視されたが、自白しないと拷問を受けた！

町奉行所は、犯罪者の刑罰をどう決めたのでしょうか？ 同心《どうしん》・岡《おか》っ引《ぴ》きに捕まった容疑者は、まず自身番屋《じしんばんや》〔⬇P38〕に連行され、取り調べを受けます。そこで、容疑が濃厚となると町奉行所に送られました。町奉行は、吟味与力《ぎんみよりき》〔⬇P55〕の調書をもとに「お白洲《しらす》」で容疑者を尋問し、判決が出るまで小伝馬町《こでんまちょう》牢屋敷《ろうやしき》に送りました。**当時の刑罰は叱責や鞭打ち、追放刑、死刑が基本**で、禁固刑はありませんでした。現代でいえば牢屋敷は刑務所ではなく、未決囚《みけつしゅう》を収容する拘置所でした。小伝馬町牢屋敷は最大７００人を収容できましたが、常に満員状態でした。

囚人は牢屋でも取り調べを受けましたが、最重視されたのは自白でした。**証拠があっても自白がなければ罪に問えなかったので、自白するまで「牢問《ろうもん》」（軽い拷問）が行われた**のです〔図1〕。それでも自白しない場合は釣責《つりぜ》め（両手を後ろで縛《しば》って吊り下げる）などの拷問が行われましたが、拷問が許されたのは殺人や放火などの死刑に相当する重罪犯のみ。町奉行といえども独断で拷問は行えず、評定所（幕府の最高の司法機関）の許可が必要でした。

町奉行所が超多忙だったこともあり、牢屋敷の囚人たちは長期間を牢屋で過ごしました。**牢内の治安維持を仕切ったのは、囚人の中から選ばれた「牢名《ろうな》主《ぬし》」でした**〔図2〕。牢名主は囚人から現金を徴収したため、現金の持ちこみがない囚人は冷遇され、栄養失調やリンチを受けて死ぬこともありました。

金がなければ命が危なかった牢屋敷

「牢問」による取り調べ〔図1〕

当時は自白がなければ刑を確定することができなかったため、牢問が行われた。しかし、牢問は自白させる手腕が担当者にないとされる行為だったので積極的には行われなかった。

容疑者への牢問は、牢屋敷のほか、お白洲でも行われた。

牢内の絶対権力者「牢名主」〔図2〕

牢屋敷で町人が収容されるのは、「大牢《たいろう》」と呼ばれる30畳ほどの牢屋で、牢内の自治は、牢名主を筆頭とする12人の牢内役人に任されていた。

牢名主
畳を何枚も重ねた高い場所に座っていた
牢内役人
添役《そえやく》（病人の手当）や角役《すみやく》（出入口の管理）などがいた
平囚人
畳1枚を6人以上が使い、ときには18人で使わなければならないこともあった

牢内役人たちは牢名主と同様、囚人の中から選ばれた。一般の囚人の扱いは牢名主に差し出す金銭で変わり、金額が少ないと体罰を受けた。

Q 江戸の刑罰では何両盗めば死刑になった?

1両（約10万円）	or	10両（約100万円）	or	100両（約1,000万円）

江戸の刑罰で最も重かったのは、現在と同じく「死刑」です。違うのは**罪状によって**「**鋸引**《のこぎりびき》」「**磔**《はりつけ》」「**獄門**《ごくもん》」「**火焙**《ひあぶ》**り**」「**死罪**《しざい》」「**下手人**《げしゅにん》」**の6種類の死刑**があったこと。

「**鋸引**」は首だけ出して地中に埋められて、通行人に首を鋸で引かせるというもの。主人殺害の罪に適用されましたが、残酷すぎて成立しなくなったそうです。「**磔**」は柱に体をしばりつけ、槍で突き殺すというもので、贋金《にせがね》づくりや親殺害に科されました。「**獄門**」は、斬首された首が3日間さらされるというもので、強盗殺人などの罪に科されました。放火犯には「**火焙り**」の刑が適用されました。「磔」「火焙り」は、見せしめの意味が大きく、鈴ケ森（品川区）や小塚原（荒川区）で公開処刑にされました。

　通常の死刑は「**死罪**」でした。死罪に処される者は、小《こ》伝《でん》馬《ま》町《ちょう》牢《ろう》屋《や》敷《しき》【→P56】内の処刑場で目隠しをされ、土壇場に座らされて斬首されました。

遺体は刀の試し切りに使われた後、南千住回向院《みなみせんじゅえこういん》（荒川区）に葬られました。

　死罪を科せられたのは10両（約100万円）以上を盗んだ窃盗犯です。現金でなくても、10両以上の価値がある物品を盗めば死罪でした。つまり、答えは10両です。

「**下手人**」は殺人犯という意味ですが、死刑の名称になりました。下手人は、斬首された後の遺体を遺族が引き取り、葬ることができたのです。

　武士は町人と違って死罪はありませんでした。**死に値する罪を犯した武士は、「切腹」**が命じられました。

死刑以外のおもな刑罰

賭博や過失致死などは、遠島《えんとう》（島流し）や江戸追放などの「追放刑」に処された。軽い盗みなどは鞭打ちによる「敲《たたき》刑」となった。

追放刑

江戸からの島流しは伊豆七島に送られ、基本的に終身刑だった。

敲刑

牢屋敷の門前で、裸でうつぶせにされ、鞭でたたかれた。

21 江戸の物流の基本は水運だった？

なるほど！

全国から**船で運ばれた物資**が**江戸市中の運河**で運ばれた！

大都市・江戸に必要な大量の物資は、どのようにして運ばれていたのでしょうか？

江戸幕府の初めの頃、江戸周辺の生産力は低かったので、**生活に必要な物資は「菱垣廻船《ひがきかいせん》」「樽廻船《たるかいせん》」といった定期輸送船によって大坂から江戸に運ばれました**〔図1〕。当時、物流の基本は陸運ではなく、水運でした。17世紀末には、東北と江戸を結ぶ「東廻り航路」と、日本海側をまわって大坂と江戸を結ぶ「西廻り航路」が整備され、大量の物資が江戸に運ばれました。

江戸時代前期、京都・大坂を中心とする上方か

菱垣廻船の構造〔図1〕

菱垣廻船の船底は平らで、帆柱は１本、帆は１枚。菱垣廻船は垣立《かきたつ》が菱形になっている。樽廻船はおもに酒樽を運ぶ船で、菱垣廻船と同じ構造だが、垣立が菱形ではない。

菱垣廻船は、最盛期には160隻ほどが運行していた。

大量輸送を可能にした水運システム

日本橋の魚河岸〔図2〕

日本橋のたもとにあった魚河岸には、佃島《つくだじま》の漁師がとった魚だけでなく、近海からも鮮魚が多く集まり、江戸で最も活気のある市場となった。

「東都名所 日本橋真景并ニ魚市全図」
国立国会図書館所蔵

魚河岸は関東大震災（1923年）後に築地に移転され、築地市場（現在は豊洲に移転）として発展した。

ら江戸に運ばれた米や酒、油、砂糖、醤油などは「下《くだ》り物《もの》」として珍重される一方、**江戸《えど》地廻《じまわ》り（江戸周辺地域）で生産された低品質の製品は「下《くだ》らない物《もの》」として区別されました**。しかし江戸時代中期頃から、江戸地廻りでも濃口醤油などの高品質の製品が生産され、流通していきます。

　江戸に運ばれてきた大量の物資は、江戸湊《えどみなと》（隅田川河口地域）で小型船に積みかえられ、大川（隅田川）や運河を通り運ばれました。江戸市中には水運用の運河が張りめぐらされていたのです。河川や運河の両岸には、小型船から物資を荷揚げする船着場「**河岸《かし》**」が設けられました。「**魚河岸《うおがし》**」「**塩河岸《しおがし》**」「**米河岸《こめがし》**」など、河岸ごとに荷揚げする商品は決まっていて、その数は120か所以上あったといわれます〔図2〕。河岸の近くには商品を取り扱う問屋の蔵や土蔵が建ち並んでいたそうです。

22

渡し船が江戸時代の交通手段？

なるほど！

江戸には橋が少なかったので、渡し船が便利に使われていた！

江戸を流れる大川（隅田川）や神田川などには、ほとんど橋がかけられていませんでした。これらの川は、江戸城［➡P16］の外堀の役目を果たしていたので、**防衛上の理由から橋をかけなかった**といわれています。また、橋の建築費や維持費が高額だったからという説もあります。しかし、江戸の町が発展していくにつれて人の往来は活発になり、川を渡る必要性が増えていきました。

そこで、江戸の川の要所には多数の「**渡し場**」が設けられ、**江戸の人たちは渡し船に乗って対岸に渡るようになりました。**渡し船は1日に数往復する定期便で、人だけでなく馬も乗ることができました。運賃は川幅にもよりますが、16文《もん》（約３２０円）程度だったそうです。

大川には約20か所の渡し場があったといわれ、最も古い渡しは浅草近くの「**橋場《はしば》の渡し**」（**台東区**）とされ、そのほかに、「**竹屋《たけや》の渡し**」（**台東区**）や「**駒《こま》形《がた》の渡し**」（**墨田区**）などがありました［図1］。最後まで残っていた隅田川の渡しは、築地と佃島《つくだじま》を結ぶ「佃の渡し」（中央区）で、佃大橋の完成にともない、

橋より「船」が便利な江戸の町

隅田川の渡し〔図1〕

隅田川にある「橋場の渡し」をえがいた絵で、渡し船が乗り合いだったことがわかる。

橋場の渡しは、大正時代に白髭橋が完成すると廃止された。

「東都名所図会隅田川渡しの図」国立国会図書館所蔵

大井川の川越《かわご》し〔図2〕

大井川を渡るには、川越人足《かわごしにんそく》を雇って渡るしかなかった。

蓮台は肩車の４倍以上の料金がかかった。また、川の水量によって料金は上乗せされた。

1964年に廃止されました。

また、幕府は江戸防衛のため、大井川（静岡県）や酒匂川《さかわがわ》（神奈川県）などに橋をかけることも船で渡ることも禁止していました。このため旅人は、人《にん》足《そく》に肩車《かたくま》をしてもらったり、蓮台《れんだい》に乗って担がれたりして川を渡っていました〔図2〕。

Q 隅田川にかかっていた橋の数は何本？

3本 or 5本 or 10本

現在、隅田川には千住大橋《せんじゅおおはし》から下流までに19本（鉄道橋を除く）の橋がかかっています。江戸時代、大川と呼ばれた隅田川には、防衛上の理由から、幕府は橋をかけたがりませんでしたが、少しずつ増えていきました。

最初にかけられた橋は、千住大橋です。徳川家康が江戸に入ってすぐに建造を命じ、1594年に完成しました。

千住大橋が築かれたのは、東北地方との交通の便をよくするためで、江戸幕府の成立後、奥州街道・日光街道（↓P82）に組みこまれました。当初、大川には千住大橋以外の橋は認められていませんでしたが、明暦《めいれき》の大火（↓P42）の影響で、避難路を確保するためや、大川東岸の本所・深川一帯が開発されたことにより、**17世紀後半に両国橋《りょうごくばし》、新大橋《しんおおはし》、永代橋《えいたいばし》が次々とかけられました。**1774年には、浅草（台東区）の町人が幕府に願い出て、**吾妻橋《あづまばし》がかけられました。**江戸時代の隅田川の橋は、この5本になります。

江戸時代中期、幕府の財政が悪化すると、新大橋と永代橋の維持管理は民間に任されました（吾妻橋は当初から町人負担）。維持費を確保するため、1~2文《もん》（約20~40円）の橋銭《はしせん》（橋の通行料）を徴収しました。しかし、永代橋は1807年に崩落事故を起こします。このため、幕府の負担で永代橋はかけかえられ、以後、幕府が管理しました。

「名所江戸百景　千住の大はし」国立国会図書館所蔵

千住大橋

橋の両側にできた千住宿は、日光・奥州街道の最初の宿場となった。

「名所江戸百景　大はしあたけの夕立」国立国会図書館所蔵

新大橋

大橋（両国橋）に続く橋として1693年にかけられた。

23

江戸の外食は「屋台」が多かった？

なるほど！

江戸は単身男性が多かったので、屋台文化が発展した！

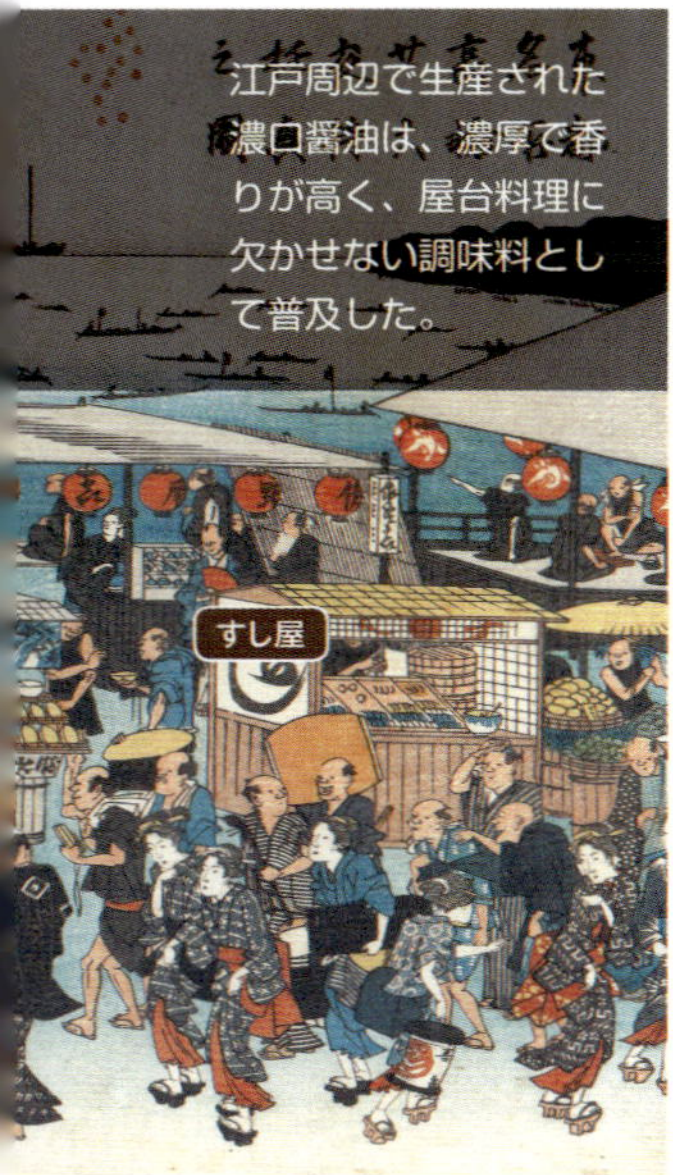

江戸周辺で生産された濃口醤油は、濃厚で香りが高く、屋台料理に欠かせない調味料として普及した。

江戸の町人は約70％が男性でした。これに参勤交代のため上京した地方武士も加わるので、江戸は圧倒的に男性人口が多い町でした。**江戸では単身生活を送る男性のために外食産業が発展**しました。ひとり身の男性にとって人気があったのは、気軽に手早く食べられる「**屋台料理**」でした（図1）。

屋台料理にはさまざまな種類がありましたが、一番人気は「**そば**」でした。そばの屋台はふたつの箱をつないだような形で、江戸の町のいたるところにありました。「**すし**」はもともと魚介類を自然醗酵させる保存食でしたが、やがて熟成期間を短縮した「押しずし」に発展し、さらに江戸で、**生の魚の切り身を酢飯にのせて醤油で食べる「江戸前ずし」が登場**しました。屋台のすし屋は、あらかじめ握っておいたすしを店頭に並べて、客が自由に食べるスタイルだったそうです（図2）。このほか、「**うなぎの蒲焼き**」や「**天ぷら**」も人気を集めました。移動可能な屋台は、出火の際に店舗と比べて消火しやすいという利点もあり、火事の多い江戸で重宝されました。

江戸の人たちに愛された屋台料理

「二十六夜待」の高輪の屋台〔図1〕

江戸時代、7月26日に月の出を待って拝む風習があり、月が出るまで飲食を楽しんだ。高輪《たかなわ》（港区）の二十六夜待には多くの屋台が建ち並んだ。

「東都名所高輪廿六夜待遊興之図」山口県立萩美術館・浦上記念館所蔵

江戸の味「そば」と「すし」〔図2〕

そばもすしも手早く食べられるので、気が短い江戸の町人に人気だった。

そば屋

椀にそばを盛って温かい汁をかける「かけそば」が人気だった。「二八《にはち》そば」の由来は、麺の配合比率が、小麦粉2割・そば粉8割だったからという説と、そばの料金が2×8＝16文《もん》（約320円）だったからという説がある。

すし屋

当時のすしの大きさは現在の2倍以上あり、食べにくかったのでふたつに分けるようになり、これが1皿2貫の由来になったといわれる。

24 江戸時代にもグルメガイドがあった？

なるほど！

江戸には高級料亭を紹介するランキング表があった！

江戸時代になると、それまでの1日2食から、1日3食が定着しました。特に**江戸は特産品が集まり、周辺地域の生産力も向上したことで、食文化が発展**。料理を楽しむ人が増えていきました。

江戸の「**料理茶屋**」（飲食店）の始まりは、明暦《めいれき》の大火〔➡P42〕の後に、浅草寺《せんそうじ》（台東区）近くにできた「奈良茶飯《ならちゃめし》」（米に大豆などを加えてお茶で炊いたもの）の店とされます。その後、江戸には大小の料理茶屋が並ぶようになりました。**江戸時代中期には、接待・会合用の高級料理店が誕生**し、料理の質やサービスを競い合うようになります。

当時は、相撲の番付を模してさまざまな物を格付けすることが流行していたので、料理茶屋の番付が数多くつくられました。中には、双六《すごろく》形式のグルメランキング表などもありました〔図1〕。こうしたランキングで上位を占めた料理茶屋の代表が、**浅草新《あさくさしん》鳥越《とりごえ》（台東区）の「八百善《やおぜん》」と、深川（江東区）の「平《ひら》清《せい》」**でした〔図2〕。このほか、王子（北区）の「海老《えび》屋《や》」「扇屋《おうぎや》」や、両国（墨田区）の「河内屋《かわちや》」、向島《むこうじま》（墨田区）の「大七《だいしち》」（墨田区）などの高級料理茶屋が評判を集めるようになりました。

江戸の人たちは料理づくりにも熱中しました。豆腐料理を紹介した『豆腐百珍』をはじめ、多様なレシピ本が出版されました。八百善のオーナー・栗山《くりやま》善四郎《ぜんしろう》が出版した『料理通』はベストセラーになり、人気の江戸のみやげになったそうです。

超グルメだった江戸の人たち

江戸の名店双六〔図1〕

江戸の有名な料理茶屋を双六形式で紹介したもの。「上り」に近くなるほど店の評価が高いことを示している。

「新版御府内流行名物案内双六」(部分) 東京都立中央図書館所蔵

江戸の2大高級料亭〔図2〕

江戸時代中期、江戸の料理茶屋といえば、八百善と平清が双璧といわれた。

平清

会席料理の最後に出される鯛の潮汁（魚介類の汁物）が評判で、風呂も備えていたことで知られる。

八百善

極上の茶漬けを注文されたとき、玉川上水から水を取り寄せ、1両2分（約15万円）を請求した逸話が残る。

25 江戸のアイドルは茶屋の看板娘？

なるほど！

茶屋には看板娘がいて、それ目当ての客が多かった！

江戸の観光地、人が集まる道端や寺社の境内《けいだい》には水茶屋《みずぢゃや》がありました〔図1〕。**水茶屋とは、温かいお茶を提供する簡易的な休憩所のこと**。特に水茶屋が多かったのは、浅草や上野、両国などの寺社近辺で、江戸の人たちは、寺社に参詣するときにひと休みしていたのです。

水茶屋には、店を手伝う**茶屋娘（いわゆる看板娘）**がいました。茶屋娘が評判になると、男性客が集まってその店は大繁盛したといいます。お茶を飲むだけの水茶屋の料金は5文《もん》（約100円）程度でしたが、茶屋娘のいる水茶屋の料金は数十文にはね上がり、なかには茶屋娘の気を引こうと、100文（約2000円）を支払う客もいたそうです。

1760年代、茶屋娘で最初に大人気となったのは、**谷中《やなか》（台東区）の笠森稲荷《かさもりいなり》の境内にあった「鍵屋」の娘・笠森お仙《せん》**です。鍵屋には、お仙見たさに多くの客が集まりました。お仙は浮世絵にもえがかれ、さらに人気を集めました〔図2〕。

1790年代に人気を集めた茶屋娘は、「**難波屋《なにわや》**」**おきた**と、「**高島屋《たかしまや》**」**おひさ**です。このふたりは、茶屋娘の菊本《きくもと》おはん（または芸者・富本豊雛《とみもととよひな》）とあわせて、「**寛政《かんせい》の三美人**」といわれました。**喜多川歌麿《きたがわうたまろ》**〔➡P156〕の浮世絵にえがかれています。

茶屋娘が人気を集めた理由は、店に行けば彼女たちに直接会えることでした。現代の「会いに行けるアイドル」と近い存在だったのですね。

江戸のアイドルだった茶屋娘

水茶屋の様子〔図1〕

水茶屋は、簡易的な小屋に、数人が腰をかけられる長椅子を置き、茶や菓子などを提供した。

17世紀後半より、客寄せに美人を置く水茶屋が増えていった。

茶屋娘・笠森お仙〔図2〕

鍵屋には、お仙を目当てに多くの客が集まり、その数は笠森稲荷の参詣客より多かったという。

錦絵《にしきえ》（多色刷りの浮世絵版画）の創始者のひとり・鈴木《すずき》春信《はるのぶ》（➡P152）は、お仙の絵を数多くえがいたことで有名になったといわれる。

出典：ColBase「お仙と若侍」東京国立博物館所蔵

26

「日本橋」は日本の起点だった？

なるほど！

東海道の玄関口として栄え、**大型店**が軒先を並べていた！

江戸時代の幹線道路「五街道」（➡P82）の基点だった日本橋は、江戸幕府が開かれた1603年に完成した橋です。日本橋一帯も日本橋と呼ばれました。**日本橋の南北にのびる通りは、江戸と京都を結ぶ東海道の玄関口として発展**します。また、日本橋周辺には、生活必需品を提供するために多くの商人や職人が集まるようになりました。さらに、日本橋には魚市場、京橋には青物市場が開かれたことで、日本橋は江戸で最も発展した商業地になり、毎日、多くの人でにぎわいました。そして**日本橋は商業・金融・物流・娯楽の中心地となりました**（図1）。

江戸時代中期には、日本橋に「**大店**《おおだな》」と呼ばれる商店や問屋が誕生します。大店とは大通りに面している間口が10間《けん》（約18m）以上あり、敷地内に蔵や土蔵などを建て、多くの奉公人（店員）がいる大規模商店のこと。日本橋の代表的な大店には、**呉服店の「越後屋**《えちごや》**」**（➡P74）や「**白木屋**《しろきや》」（図2）があり、このほか**醤油問屋の「大黒屋**《だいこくや》**」**、**漆器店の「黒江屋**《くろえや》**」**、**畳表問屋の「近江屋**《おうみや》**」**などがあり、幕府との関係が深かった「**須原屋**《すはらや》**」は、江戸切絵図や「武鑑**《ぶかん》**」（大名や旗本の名簿）を出版・販売する書店**の大店でした。

また、日本橋の北側に発展した大伝馬町《おおでんまちょう》には木綿問屋が軒を連ね、越後屋・白木屋と並んで江戸三大呉服店と呼ばれた「**大丸屋**《だいまるや》」がありました。

現在の日本橋には、江戸時代に大店だった頃より続く老舗店が数多く存在しています。

江戸時代から繁栄していた日本橋

経済・文化の中心地「日本橋」〔図1〕

江戸時代の日本橋は、日本の商業・金融・物流・娯楽の中心地だった。

物流

五街道の起点であり、日本橋川は江戸市中の物流の要路だった。全国からは海運によってさまざまな物産が運ばれた。

文化

江戸歌舞伎の発祥地で、数多くの芝居小屋が建ち並んでいた。小説や浮世絵の出版も盛んに行われた。

「江戸八景 日本橋の晴嵐」国立国会図書館所蔵

商業

魚河岸《うおがし》などの市場が集まり、通りには越後屋などの大店が建ち並び、毎日多くの客でにぎわった。

金融

金貨をつくる金座があり、両替商（金融業者）が活躍し、収穫前に米の売買価格を決めて取引する米《こめ》会所《かいしょ》もあった。

女性客でにぎわう白木屋〔図2〕

白木屋（現在のコレド日本橋）の軒先で、当時最先端のファッションに身を包んだ女性たちがえがかれている。

明治時代になると、白木屋はいち早くデパートに転身した

「白木屋」東京都立中央図書館所蔵

27 江戸の商店といえば「越後屋《えちごや》」？

なるほど！

「越後屋」は江戸の呉服店で、従来のビジネスを大きく変えた！

時代劇を見ていると、商店の「越後屋」が出てきたりしますよね。どんな商店だったのでしょうか？

日本橋の越後屋は江戸最大の呉服店で、間口は36間《けん》（約65m）あり、最盛期には700人以上の奉公人（店員）がいました。**1673年、伊勢松坂（現在の三重県松阪市）出身の三井高利《みついたかとし》が開業しました**〔図1〕。当時の買い物は「つけ払い」が一般的で、これは買い手が商品を受け取ってもその場で現金を払わず、盆と暮れの2回（または暮れの1回）にまとめて支払うというもの。**そのため店は、その間の金利などを上乗せした「掛け値」で商品を売っていました**。大店《おおだな》〔→P72〕の呉服店では、得意先から前もって注文を聞いて、後から屋敷まで商品を持参し、そのつど交渉によって値段を決めて盆と暮れに集金していたのです。貸し倒れのリスク回避のため、信用のある人にしか商品を売れませんでした。

しかし越後屋の高利は、「**現金掛け値なし**」というビジネスを開始します。これは、**現金で取引をする代わりに掛け値をなくし、商品を定価で安く売るという商法**でした。さらに高利は、「店前売り《たなさきうり》」（店頭販売）や「仕立て売り」（イージーオーダー）、「切り売り」（客に必要な分だけ反物を切って販売）などの新商法を次々に実践します。**現金さえあれば、誰でもお店で呉服を変えるようになった**のです。これが大評判となり、やがて1日で1000両（約1億円）を売り上げるほど大繁盛しました〔図2〕。

薄利多売で大成功を収めた越後屋

越後屋を開業した三井高利〔図1〕

松坂に生まれ、14歳で江戸に出て兄の営む呉服店で修業し、28歳で帰郷。その後、松坂で金融業を営んで資金を貯め、52歳のとき江戸に越後屋を開業した。さらに両替商（金融業）にも進出し、三井家は後に三井財閥へと発展した。

三井高利
(1622〜1694)

高利の新商法

- **現金掛け値なし**（現金取引で低価格販売）
- **店前売り**（店頭販売）
- **仕立て売り**（イージーオーダー）
- **切り売り**（客に応じて反物を切り売り）

越後屋の店内〔図2〕

店内の天井には、担当店員名と見本の着物がつるされていた。100畳を超える広大な畳敷きの店内は、奉公人と客であふれていた。

店の奥の蔵から、商品を運ぶ奉公人もえがかれている。　「浮絵駿河町呉服屋図」三重県総合博物館所蔵

Q 商人が独立するまでには何年くらいかかった?

約15年 or 約30年 or 約45年

江戸時代、商家などに雇われて働くことを「**奉公**」、奉公する人を「**奉公人**」といいました。奉公人は住みこみで働くのが基本でした。

男性の場合、**商家の奉公人のスタートは「丁稚《でっち》」**です。丁稚として採用された10歳頃の、おもに地方出身の少年は、店で雑用・使い走りなどをしながら、読み・書き・そろばんを習いました。給料は出ませんでしたが衣食住は店から提供され、盆・暮れに小遣いをもらえたそうです。**16歳頃に元服《げんぷく》（成人式）を迎えた後、「手代《てだい》」に昇進**します。手代になると、商品の仕入れや支出・収入など、商売に関わるようになり、給料も支給されます。この時期、

「初登り《はつのぼり》」が許されました。初登りとは、入店後に親元に初めて帰省すること。50日の休暇をもらえましたが、店に不向きとされた場合は、再び店に戻ることはできませんでした。このため、初登りが済むと、正式な店員として認めてもらえたそうです。

入店して20年ほど経つと「番《ばん》頭《とう》」に昇格し、経営に本格的に関わるようになります。番頭を数年つとめると、江戸で家を構えて、妻をもつことが許されました。**そして40歳頃、本家から独立する「別家《べっけ》」を許されました**。ですので、正解は約30年です。

奉公人の出世

丁稚

10歳頃～16歳頃

主人のお供、子守り、掃除などの雑用をしながら、夜に読み・書き・そろばんを勉強した。

手代

16歳頃～30歳頃

番頭の指示を受けながら、業務に関わるようになる。現代の「正社員」にあたる。

番頭

30歳頃～40歳頃

店の奉公人のトップで、現代でいえば「雇われ店長」のような存在。番頭が複数いる店もあった。番頭をつとめ上げると独立できた。

※役職の年齢は目安。また、店によって役職や出世のシステムは異なっていた。

28 江戸の遊興《ゆうきょう》文化の中心？ 浅草の魅力

なるほど！

観音菩薩《かんのんぼさつ》の聖地でありつつ、**レジャースポット**でもあった！

今も人気の観光スポット・浅草（台東区）は、江戸随一の遊興地でした。江戸の人たちは、浅草をどのように楽しんでいたのでしょうか？

浅草の中心地は、浅草寺《せんそうじ》です。浅草寺の本尊・観音菩薩像は、漁師が大川（隅田川）から引き上げたものをまつっているとされ、**江戸で「観音様」といえば浅草寺の観音菩薩像を指すというほど信仰を集めました**。浅草寺では7月10日の「四万六千日《しまんろくせんにち》」（この日の参詣は4万6000日の功徳に相当する）などの縁日・行事が数多く開かれ、いつも多くの参拝客でにぎわっていたのです〔図1〕。

浅草寺の裏手には、茶屋や見世物小屋が軒を連ねる「奥山《おくやま》」と呼ばれる盛り場がありました。当時の見世物小屋は、誰もが楽しめるサーカス・美術館・動物園のような施設でした。工芸品や生人形《いきにんぎょう》（等身大のリアルな人形）、からくり人形などを見せたり、独楽《こま》回しや綱渡り、手妻《てづま》（奇術・手品）が披露されたほか、**ゾウやラクダなどの珍獣が展示されることもありました**〔図2〕。幕末、奥山に開園した植物園「花屋敷」は、江戸の文化人や大奥《おおおく》〔➡P88〕で働く女性たちの憩いの場となり、その後、遊園地「浅草花やしき」として人気を博しました。

浅草の近くには遊郭《ゆうかく》・吉原〔➡P128〕があり、浅草を楽しんだ後、吉原に向かう男性も多かったそうです。浅草は信仰と娯楽が同居する魅力的な町だったのです。

浅草寺に参詣して、奥山で遊んだ

浅草寺の「歳の市」〔図1〕

12月17日、18日に浅草寺で開かれる「歳の市」は、江戸の大イベントで、境内《けいだい》に正月用品や縁起物の品を売る露店が建ち並び、買い物客でごった返した。

現在、浅草寺の「歳の市」は、「羽子板市」の名で知られている。

「六十余州名所図会 江戸 浅草市」国立国会図書館所蔵

娯楽が多かった奥山の見世物小屋〔図2〕

浅草の見世物小屋では、さまざまな趣向を凝らした娯楽が用意されていた。

珍獣 ゾウやラクダ、ヒョウ、トラ、クジャクなども展示されたが、人魚や河童など、あやしげな展示もあった。

生人形
生きた人間のようにリアルに再現した等身大の人形を展示した。

曲芸
芸人が縄の上で独楽を回したり、軽業師が綱渡りなどを行った。

手妻
日本独自の手品で、さまざまな場所から水が噴き出る「水芸」などがあった。

29 江戸の不倫は命がけ？

なるほど！

当時の**不倫は死刑相当**だったが、**出合茶屋**《であいぢゃや》などで行われていた！

今も昔も、道ならぬ恋におちる男女がいます。そんなふたりは、現代なら人目を避けてホテルなどで密会しますが、江戸ではどのような場所で会っていたのでしょうか？

江戸の最大の密会場所は、上野（台東区）の不忍《しのばずの》池《いけ》周辺に建ち並ぶ「出合茶屋」でした（図1）。出合茶屋は一般的には木造2階建てで、表向きは料理茶屋（→P68）として営業していましたが、2階の座敷を男女に貸していました。出合茶屋の入口は表と裏に2か所あり、男女が別々に店に入ることができたそうです。出合茶屋の部屋代と料理代は合わせて2～3万円と、かなり高額だったので、利用できるのは経済的に余裕のある男女だけでした。**当時の不倫は「不義密通《ふぎみっつう》」と呼ばれ、死刑に相当**しました（実際には表沙汰にせず、示談ですませることがほとんどだったようです（→P123））。出合茶屋は「命がけの逢瀬」を楽しむ場所だったのです。

そのほか、**「船宿《ふなやど》」も密会場所に利用**されていました。船宿とは、猪牙船《ちょきぶね》（小型の快速船）や屋根船《やねぶね》（屋根つきの小型船）など、遊び用の船を提供する店のことで、大川（隅田川）の沿岸や、町人地の運河などのいたるところにありました。船宿では、船を待つ客に酒や料理などを出していましたが、その座敷が男女の密会場所として使われるようになったのです。さらに、**船そのものが密会場所として利用されることもありました**（図2）。

密会場所は水辺の建物や船の上

出合茶屋が軒を並べる上野不忍池〔図1〕

不忍池の周囲に建ち並ぶ建物のほとんどは出合茶屋で、おもに不倫カップルが利用した。

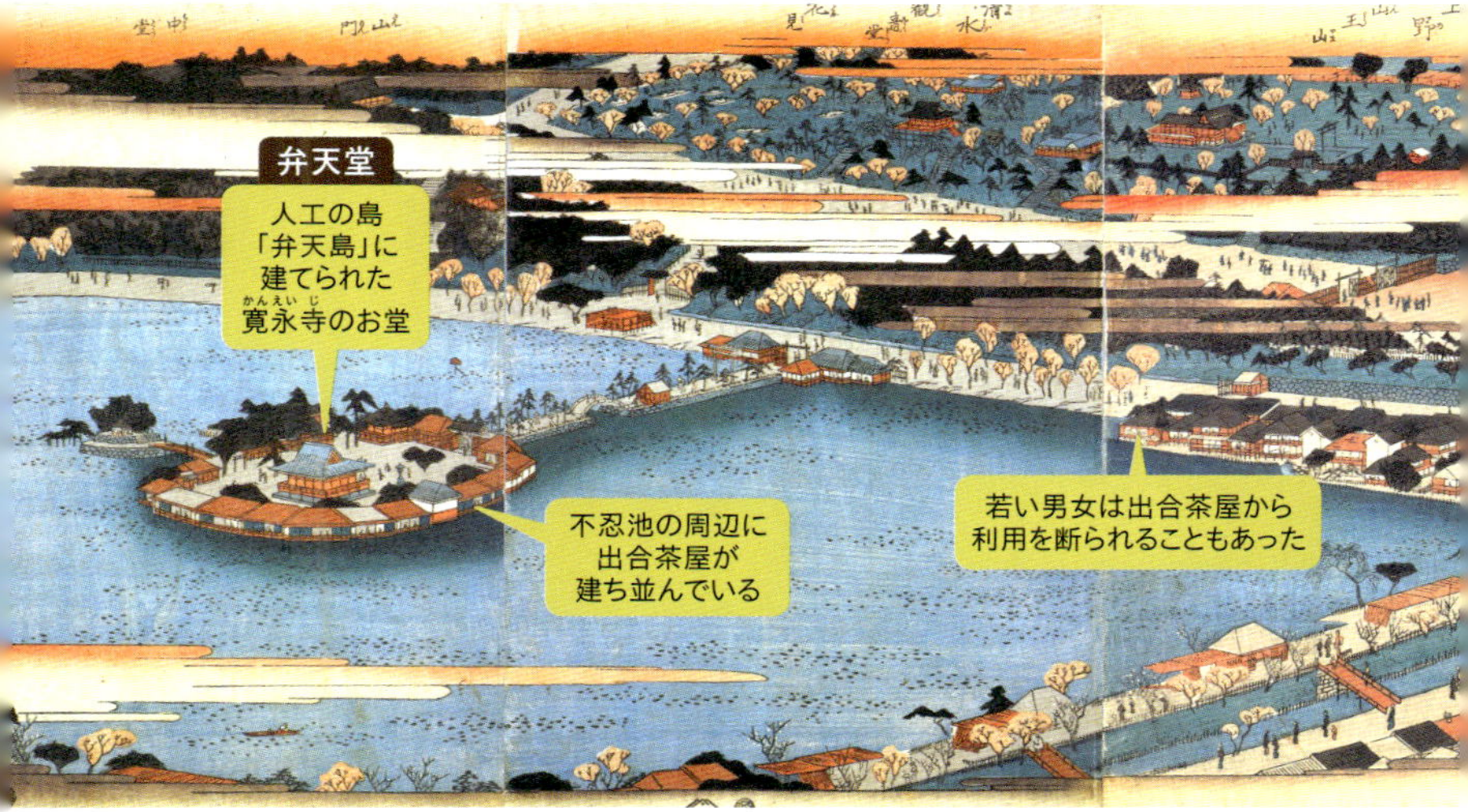
弁天堂
人工の島「弁天島」に建てられた寛永寺《かんえいじ》のお堂
不忍池の周辺に出合茶屋が建ち並んでいる
若い男女は出合茶屋から利用を断られることもあった

「東都名所 上野山王山 清水観音堂花見 不忍之池全図 中島弁財天社」国立国会図書館所蔵

屋根船で密会する男女〔図2〕

屋根船は、簾《すだれ》や障子を使って外から中が見えないようにできた。男女の客は料理を楽しんだ後、枕を下ろして一緒に寝た。

密会中、船頭は適当な場所に船をつけて、船から離れて時間をつぶしてくれたという。

30 江戸文化を支えた「街道」のしくみは？

なるほど！

参勤交代用に整備されたが、**旅人でにぎわう**ようになった！

江戸時代の5つの主要な陸上道路が「**五街道**」です。五街道には、江戸と京都を結ぶ「**東海道**」「**中山道**」のほか、「**甲州街道**」「**奥州街道**」「**日光街道**」がありました。五街道は江戸への人やモノの往来を活発にして江戸の文化を支えましたが、どのようにつくられ、またどんなしくみだったのでしょうか？

幕府が五街道を整備した当初の目的は、支配を徹底させるために役人を送ったり、諸大名に参勤交代〔→P22〕をさせたりするためでした。幕府は**東海道の箱根（神奈川県）や、中山道の碓氷《うすい》（群馬県）など街道の要所に「関所」を設けて通行人を監視**し、特に、鉄砲などの武器がもちこまれないか、また、大名の妻子が江戸から逃げないかを入念にチェックしました。これを「入《いり》鉄砲《でっぽう》出《で》女《おんな》」といいます。

また、幕府は街道の1里（約4㎞）ごとに一里塚を設けました。さらに、**街道の要所要所に馬や物資の引き継ぎや、旅人が宿泊・休息するための「宿場《しゅくば》」（宿駅《しゅくえき》）を置き**、大名などが宿泊する「**本陣《ほんじん》**」や、町人などが宿泊する「**旅籠《はたご》**」をつくりました〔図1〕。

参勤交代によって五街道の宿場は発展し、特に東海道の「品川宿」、奥州・日光街道の「千住宿」、甲州街道の「内藤新宿」、中山道の「板橋宿」は、「江《え》戸四宿《どししゅく》」と呼ばれ、各街道の最初の宿場として多くの旅人でにぎわいました。また、**宿場を利用して手紙や荷物を配達する「飛脚《ひきゃく》」が五街道を盛んに往来**しました〔図2〕。

江戸と全国各地を結んだ五街道

五街道と宿場〔図1〕

宿場の数は「次」と数えられた。東海道は53の宿場があったため「東海道五十三次」と呼ばれた。

東海道には橋がない大井川などがあり、関所での取り締まりも厳しかったので、中山道を選ぶ旅人もいた。

江戸の運送業者「飛脚」〔図2〕

飛脚には、公用飛脚（継飛脚）、大名飛脚、町飛脚の３種類があった。半裸のような格好で箱をかついで運ぶ飛脚は公用飛脚で、宿場間をリレーしながら、江戸から京都まで３～４日で走った。

飛脚の種類

公用飛脚	大名飛脚	町飛脚
幕府が運営。	大名が運営。	民間が運営。

東海道五十三次

- 起点 日本橋（江戸）
- 1 品川《しながわ》
- 2 川崎《かわさき》
- 3 神奈川《かながわ》
- 4 保土ヶ谷《ほどがや》
- 5 戸塚《とつか》
- 6 藤沢《ふじさわ》
- 7 平塚《ひらつか》
- 8 大磯《おおいそ》
- 9 小田原《おだわら》
- 10 箱根《はこね》
- 11 三島《みしま》
- 12 沼津《ぬまづ》
- 13 原《はら》
- 14 吉原《よしわら》
- 15 蒲原《かんばら》
- 16 由比《ゆい》
- 17 興津《おきつ》
- 18 江尻《えじり》
- 19 府中《ふちゅう》
- 20 丸子《まりこ》
- 21 岡部《おかべ》
- 22 藤枝《ふじえだ》
- 23 島田《しまだ》
- 24 金谷《かなや》
- 25 日坂《にっさか》
- 26 掛川《かけがわ》
- 27 袋井《ふくろい》
- 28 見付《みつけ》
- 29 浜松《はままつ》
- 30 舞坂《まいさか》
- 31 新居《あらい》
- 32 白須賀《しらすか》
- 33 二川《ふたがわ》
- 34 吉田《よしだ》
- 35 御油《ごゆ》
- 36 赤坂《あかさか》
- 37 藤川《ふじかわ》
- 38 岡崎《おかざき》
- 39 池鯉鮒《ちりゅう》
- 40 鳴海《なるみ》
- 41 宮《みや》
- 42 桑名《くわな》
- 43 四日市《よっかいち》
- 44 石薬師《いしやくし》
- 45 庄野《しょうの》
- 46 亀山《かめやま》
- 47 関《せき》
- 48 坂下《さかした》
- 49 土山《つちやま》
- 50 水口《みなくち》
- 51 石部《いしべ》
- 52 草津《くさつ》
- 53 大津《おおつ》
- 終点 三条大橋（京都）

31 江戸時代は勝手に旅行できなかった？

なるほど！

自由な旅行は**幕府や藩が禁止**。**信仰のための旅行**が流行した！

参勤交代のために整備された五街道（⬇P82）は、やがて町人や農民などが旅行に利用するようになりました。**江戸時代の旅行は、寺社への「参詣」が目的**でした。

江戸時代、幕府や諸藩は、武士も含め、町人や農民が勝手に遠方に旅行することを禁止していました。**街道に設置された関所を通るには「往来手形《おうらいてがた》」と呼ばれる通行許可証を見せる必要**があり、観光目的の場合には往来手形は発行されませんでした。藩は半独立国家のような存在だったので、領民が自由に行き来することは制限されていたのです。しかし、「信仰」が目的の場合、旅行は認められました。このため、**旅行を楽しみたい人たちは、「寺社に参詣するため」として、往来手形を入手した**のです。

代表的な参詣先には、善光寺《ぜんこうじ》（長野県）や金刀比羅宮《ことひらぐう》（香川県）などがありましたが、**圧倒的な人気を誇ったのは伊勢神宮《いせじんぐう》（三重県）**でした（図1）。伊勢神宮への参詣は「お伊勢参り」と呼ばれ、多い年には年間400万人以上（当時の人口の約6分の1）が伊勢神宮を訪れたといいます。十返舎一九《じっぺんしゃいっく》（⬇P174）の小説『東海道中膝栗毛《とうかいどうちゅうひざくりげ》』は、江戸から伊勢神宮に旅立った町人の珍道中がえがかれています。

「伊勢参宮略図」
国立国会図書館所蔵

江戸の旅行は信仰と観光を兼ねていた

参詣客でにぎわう伊勢神宮〔図1〕

江戸から伊勢神宮までの行程は、東海道を通って15泊程度で、1日の旅費は最低でも約300文《もん》（約6000円）かかった。このため、仲間どうしで資金を出し合い、順番で参詣に参加するグループ「伊勢講」が広まった。

伊勢神宮に参詣した人の多くが、京都・大坂まで足をのばして観光を楽しんだ。

やがて、成田山新勝寺《しんしょうじ》（千葉県）や川崎大師平間《へいけん》寺《じ》（神奈川県）、江島《えのしま》神社（神奈川県）など、**江戸近郊の寺社に参拝する人も増えました。**山岳信仰として、富士山への参詣も人気でした〔図2〕。

江戸近郊の信仰スポット〔図2〕

江戸近郊の寺社に参詣する、数日程度の気軽な旅行が大ブームとなった。

江島詣

芸能の女神・弁財天を信仰する。女人禁制ではないため、芸事をする女性参拝客が多く集まった。

大山《おおやま》参り

霊山として信仰された大山（神奈川県）に参詣する。滝で身を清めてから山頂を目指した。

成田詣

成田山新勝寺の不動明王を信仰する。歌舞伎役者・市《いち》川《かわ》團十郎《だんじゅうろう》が信仰し、「成田屋」の屋号を名乗った。

富士詣

富士山に登って富士権現社に参詣すること。女人禁制だったが、女性の登拝が許される年もあった。

江戸クイズ 2

ここは、東京のどこ？

寺院・神社編

ここに示した絵は江戸のある寺院や神社です。どこの寺院・神社でしょうか？

Q1

ヒント

江戸で一番高い山にある神社。階段が急なことで知られています。

Q2

ヒント

将軍家の菩提寺《ぼだいじ》で、2代将軍・徳川《とくがわ》秀《ひで》忠《ただ》をはじめ、合計6人の将軍の墓があります。

Q3

ヒント

将軍家の菩提寺で、5代将軍・徳《とく》川《がわ》綱吉《つなよし》や、8代将軍・徳川吉宗《とくがわよしむね》など、合計6人の墓があります。

Q4

ヒント

目の黒い不動明王像が本尊。境内《けいだい》の滝で、修行者が水垢離《みずごり》（神仏に祈るため冷水を浴びて心身を清めること）を行っていました。

Q5

ヒント

火災で焼失後、移転先となった海を埋め立てて土地を築き、本堂を再建しました。

Q6

ヒント

平将門《たいらのまさかど》をまつる神社。境内のある台地からは、江戸の町を見渡せました。

Q7

ヒント

神田祭と並ぶ「天下祭」である山王祭が開催されました。

答えは186ページ

32 大《おお》奥《おく》は将軍のハーレム…ではなかった？

なるほど！

将軍の夜の営みは**一部始終を監視・報告**されていた！

「大奥」とは、江戸城内で将軍の御台所《みだいどころ》（正妻）や側室、将軍の子どもなどが住んでいた場所のこと。将軍以外の男子は入れず、数多くの女性たちが働いていました。大奥というと、「将軍のハーレム」と思われがちですが、実際は将軍が自由気ままに女性たちと性生活を楽しめる場所ではありませんでした。大奥とは、どんな場所だったのでしょうか？

将軍にとって、性生活を営むことは政治的な意味がありました。将軍の子は後継者となるだけでなく、諸大名と縁戚関係を結ぶために政略結婚をさせられる存在でした。そのため、将軍が女性と夜を過ごすことは、「公務」だったのです。**御台所以外に将軍の相手をつとめることができるのは「御中臈《おちゅうろう》」（将軍・御台所の世話役）でした**〔図1〕。御中臈は旗本（1万石以下の将軍直属の家臣）の娘で、将軍に気に入られると夜の相手をすることになりました。

将軍が大奥に泊まるときは、大奥に「誰と寝るか」を知らせる必要がありました。指名された御中臈は厳密なボディチェックを受け、寝所に向かいます。**寝所では、将軍と御中臈のふとんの両脇に、女性たちが添い寝**をし、さらに**ふたりの監視役の女性が徹夜で監視**していました〔図2〕。そして翌朝、将軍と御中臈との間で何が行われたのか、**会話内容も含めて大奥の最高幹部に報告されました**。これは、将軍の後継者問題などに御中臈が口を出したり、個人的な要求をしたりするのを防ぐことが目的でした。

ひと晩中監視された将軍の性生活

大奥のおもな職制〔図1〕

大奥には多様な職制があったが、「御目見《おめみえ》以上」（将軍に会える）と「御目見以下」（将軍に会えない）に分けられた。上臈御年寄《じょうろうおとしより》と小上臈《こじょうろう》は最高位だが大奥の運営には関わらず、実質的な権限はすべて御年寄《おとしより》にあった。

「千代田の大奥 お召かへ」
国立国会図書館所蔵

御目見以上	御目見以下
上臈御年寄《じょうろうおとしより》（最高位で御台所の側近）	御三之間《おさんのま》（居間の掃除係）
小上臈《こじょうろう》（上臈の見習い）	御広座敷《おひろざしき》（庶務係）
御年寄《おとしより》（実質的な大奥の権力者）	御火之番《おひのばん》（火元の管理係）
中年寄《ちゅうどしより》（御年寄の補佐役）	御使番《おつかいばん》（大奥の玄関口を管理）
御客会釈《おきゃくあしらい》（大名の女使の接待役）	御仲居《おなかい》（食事係）
御中臈《おちゅうろう》（将軍・御台所の世話役）	御末《おすえ》（雑用担当）

将軍の寝所〔図2〕

将軍と御中臈の両脇には、「御添寝役《おそいねやく》」の御伽坊主《おとぎぼうず》（女性）と御中臈が背を向けて寝ながら聞き耳を立てた。このほか、別の御中臈と御年寄が座って監視した。

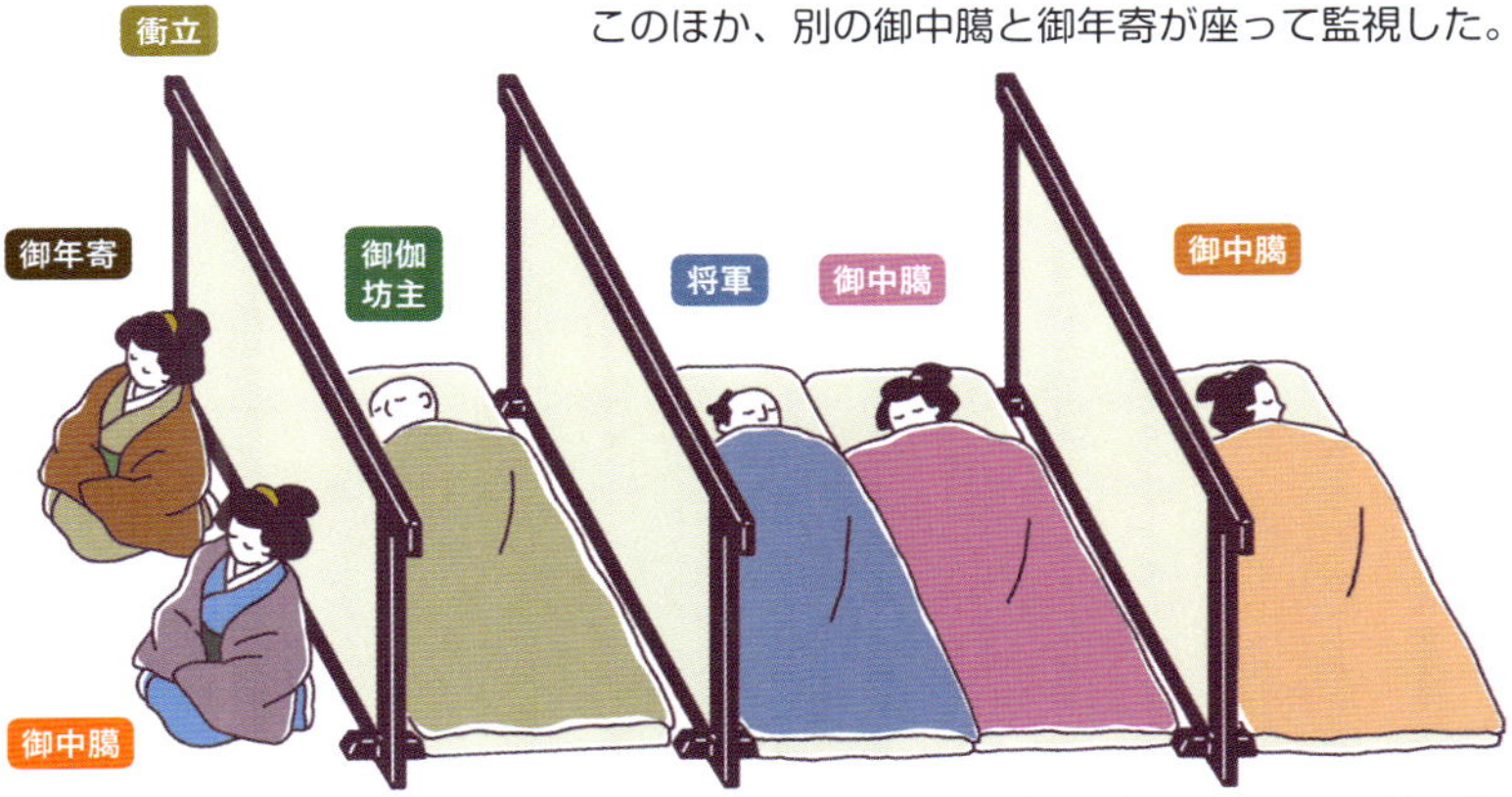

相手が御台所の場合、御年寄への報告はなかったが、監視役は置かれた（この図は、将軍の寝所を模式的に示したもので、実際の布団の間隔はもっと広い）。

Q 大奥にかかる費用は1年間にどのくらい?

約 5万両 (約50億円) or 約 10万両 (約100億円) or 約 20万両 (約200億円)

将軍の妻子の住居である江戸城の大奥(⬇P88)には、側室候補の御中臈《おちゅうろう》のほかに、数多くの女性が働いていました。その数は最大で1000人以上いたといいます。

大奥で働く女性たちには大きく3つのランクがあり、最高ランクの「**御目見《おめみえ》以上**」には、「**上臈《じょうろう》御年寄《おとしより》**」(大奥の最高位)や「**御年寄《おとしより》**」(実質的な大奥の権力者)、「**御中臈《おちゅうろう》**」などがいます。その下のランクの「**御目見以下**」には、「**御三《おさん》之間《のま》**」(居間の掃除係)や「**御《お》仲居《なかい》**」(食事係)などがいました。その下のランクには、御目見以上が私的に雇った「**部《へ》屋方《やかた》**」(使用人)がいました。

大奥の維持費は高額でした。御台所《みだいどころ》(正妻)の衣装代や食事代などはぜいたくなものでしたし、大奥で働く女性には給料が支払われ、また、大奥の女性たちは住みこみで働いていたため、人件費や生活費も莫大なものでした。大奥にかかる費用について正確な記録はありませんが、年間約20万両(約200億円)がかかったといわれます。

大奥の経費は幕府の財政を圧迫したため、8代将軍・徳《とく》川《がわ》吉宗《よしむね》[➡P50]は、大奥から選りすぐりの美女50人を選び出し、「そなたらは大奥を出ても暮らしていけるだろう」と述べてリストラしたといいます。

大奥で働く女性の年収

上臈御年寄・御年寄
約**1200**万円

御中臈
約**560**万円

御三之間
約**220**万円

御仲居
約**140**万円

※支給されるのは米と、お金(衣装代)があった。年金も支給された。金額はおおよその目安。

武家女性の礼装

大奥の女性たちの衣装を想像できる豪華な衣装。大奥の衣装代は莫大な金額にのぼった。

出典:ColBase「打掛 白綸子地菊立涌花束模様」東京国立博物館所蔵

蘭《らん》学《がく》

オランダ語の書物を通して西洋の学問・文化を学んだ!

江戸幕府は、キリスト教が広まることを警戒していたため、外国との交流を制限する「鎖国」をしていました。西洋の中で貿易が許されていた唯一の国はオランダでした。当初、西洋の書物の輸入は禁止されていましたが、8代将軍・徳川吉宗《とくがわよしむね》は、キリスト教に関係ない書物の輸入を許可します。これにより、医学を中心に西洋の近代科学に関するオランダ語の書物が日本にもたらされ、研究が始まりました。オランダ語で西洋の学問や文化を学ぶことを「蘭学」といいます。

サツマイモの栽培で知られる青木《あおき》昆陽《こんよう》は、吉宗の命令でオランダ語を学び、オランダ語の入門書や辞書を出版して蘭学の先駆者となります。医師の杉田《すぎた》玄白《げんぱく》や前野《まえの》良沢《りょうたく》は、オランダ語の解剖書を翻訳し、1774年、『解体新書《かいたいしんしょ》』を出版しました。平賀《ひらが》源内《げんない》は、日本最初の摩擦起電機「エレキテル」や寒暖計を製作し、洋風画もえがきました。西洋の天文学や測量学を学んだ伊能《いのう》忠敬《ただたか》は、全国を測量して正確な日本地図「大日本沿海輿地全図《だいにほんえんかいよちぜんず》」をつくりました。

明治維新によって、日本は急速に西洋文明を取り入れましたが、それが可能だったのは、蘭学の影響が大きいと考えられています。

解剖に立ち会う玄白たち

1771年、玄白や良沢らは、江戸の小塚原（荒川区）でオランダの解剖書を見ながら、罪人の死体解剖に立ち会った。解剖書の正確さに驚嘆した玄白らは、その帰り道に翻訳を決意した。

第3章

多種多様でおもしろい
江戸の人々

江戸の人たちの職業やファッション、遊びはどんなものだったのか。多様な文化を生み出した「江戸っ子」たちの、生き方や楽しみ方を見ていきましょう。

33 水で消さない？「町火消《まちびけし》」の消火活動

なるほど！

火消したちは延焼を防ぐために、風下の建物を破壊していた！

「火事と喧嘩は江戸の華」という言葉があるように、江戸では火事がよく起こりました。そのため、現代でいう消防隊〝火消し〟が活躍していました。

江戸では火事が多発したため、幕府は武家地を担当する「定火消《じょうびけし》」〔P43〕などの消火組織を組織しましたが、町人地を担当する本格的な消火組織はありませんでした。しかし、1720年に町奉行・大岡忠相《おおおかただすけ》は、町人地の消火を担当する「町火消」を組織します。町人地を47の「組」に分け、組ごとに消火組織を設けました。こうして誕生したのが「いろは四十七組」（後に四十八組）〔図1〕と、本所・深川の十六組です。町火消の火消し（消防夫）たちは、ふだんは鳶職人《とびしょくにん》などで、頭取《とうどり》・組頭《くみがしら》・纏《まとい》持ち・梯子《はしご》持ち・平人《ひらびと》などの階級がありました。

江戸で火事が起こり、火《ひ》の見櫓《みやぐら》や自身番屋《じしんばんや》〔P38〕の半鐘《はんしょう》が鳴らされると、火消したちは現場に駆けつけます。**当時の消火方法は、風下にある建物を壊し、延焼を食い止めるというもの**〔図2〕。「竜吐水《りゅうどすい》」と呼ばれる小型の放水ポンプも存在していましたが、効果はほとんどありませんでした。

現場の状況を観察した組頭が延焼を防ぐ地点を決めると、纏持ちは建物の屋根に上り、組のシンボルである纏をかかげ、「ここで火を食い止める」と周囲に知らせます。**火消したちは纏を目印にしながら周囲の建物を破壊し、纏持ちは火の粉を浴びながら纏をかかげ続けて士気を高めました。**

町人たちが自分たちで防災に努めた

いろは四十八組〔図1〕

いろは四十八組は一番組から十番組に大別され、それぞれ担当区域が決まっていた。隅田川より東側の町人地は「本所・深川十六組」が担当した。

町火消の組織

1	一番組	い組、は組、よ組、に組、万組
2	二番組	ろ組、せ組、も組、め組、す組、百組、千組
3	三番組	み組、さ組、あ組、ゆ組、本組、き組、て組
4	五番組	や組、ま組、く組、ゑ組、し組、江組、ふ組、こ組、け組
5	六番組	な組、む組、う組、ゐ組、の組、お組
6	八番組	ほ組、わ組、加組、た組
7	九番組	れ組、そ組、つ組、ね組
8	十番組	と組、ち組、り組、ぬ組、る組、を組

あ組の纏持ち

纏持ちは組で最も体格がよく、威勢のいい者が選ばれた。纏の重量は約20kgあった。

「三番組あ組」国立国会図書館所蔵

町火消による消火活動〔図2〕

町火消による消火方法は、建物を破壊して延焼を防ぐというものだった。

建物を破壊するときは、柱を大刺股《おおさすまた》で引き倒したり、大槌《おおづち》で戸を壊したりした。

34 江戸はデリバリーが充実していた？

なるほど！

江戸の町は食品や日用品を売る行商人であふれていた！

スーパーもコンビニもなかった時代、江戸の人たちはどこで食品などを買っていたのでしょうか？江戸の人たちの多くは、日々の生活用品を店に買いに行くのではなく、「**棒手振《ぼてふ》り**」（**振売《ふりう》り**）が売りに来たものを買っていました。**棒手振りとは、天秤棒を肩にかついで商品の名を唱えながら売り歩く行商人のこと**。棒手振りが扱う商品は、魚・野菜・豆腐などの食品や、下駄《げた》・草履《ぞうり》・箒《ほうき》・蚊帳《かや》・樽・桶などの日用雑貨のほか、金魚や鈴虫、朝顔などもありました〔左図〕。商品を売る以外にも、提灯の張り替えや、鍋・釜・陶器の修理など、修理道具を天秤棒にぶら下げてサービスを提供する棒手振りもいました。かまどの灰や糞尿、ごみなどをリサイクル用に買い集めたのも棒手振りでした。

棒手振りを行うには振売札《ふりうりふだ》（許可証）が必要でした。江戸時代前期に幕府が振売札を発行した時点で、江戸の北部だけで5900人いたといいますが、実際には、振売札を持たずに営業する棒手振りが多数いました。その理由は、100万人以上いた江戸の人たちの暮らしを支えるだけの流通システムが整備されていなかったため。また、社会的弱者への救済や失業者対策にもなっていたので、幕府も無許可の棒手振りを黙認せざるを得ませんでした。**元手がなくても簡単に始められることも棒手振りが増えた理由でした**。こうして江戸は、棒手振りが行き交うデリバリーの町になったのです。

あらゆる物を棒手振りが売り歩いた

代表的な江戸の棒手振り

棒手振りの種類は100を超えていたといわれるが、正確には不明。生鮮食品はすべて棒手振りから購入できた。

魚売り

日本橋などの魚河岸《うおがし》から仕入れた魚を売り歩いた。包丁とまな板を持ち歩き、必要な場合はさばいて売った。

野菜売り

当時は「菜蔬《さいそ》売り」と呼ばれた。茄子や瓜の人気が高かったそう。

冷水売り

夏場に、地下深く掘った井戸からくんだ冷水を仕入れて売った。

とうがらし売り

大きなとうがらしの張りぼてを背負って売り歩いた。

金魚売り

金魚は高級品だったが、江戸時代後期に庶民が買えるようになり、売り声は夏の風物詩になった。

35 江戸の町では専門店も充実していた？

なるほど！

長屋暮らしの人たちは家族経営の小店《こみせ》で日用品を購入した！

江戸では棒手振《ぼてふ》り〔P96〕から日用品を買えましたが、それだけですべてをまかなえるわけではなく、店での買い物も必要でした。江戸の町には**高級品を売っている「大店《おおだな》」**〔P72〕だけでなく、**従業員が数十人程度の「中店《ちゅうみせ》」**や、**家族経営の「小店」**があり、長屋住まいの町人たちが利用していました。中店の多くは木綿や薬などを扱う専門店で、小店は生鮮食品や雑貨を売っていました〔図1〕。

表通りに面する表長屋（表店《おもてだな》）〔P26〕の多くは、数軒に分割できるつくりだったので、小店はそのうち1軒を借りて使うことが一般的でした。

小店は、店舗と住居・倉庫を兼ねる場合が多く、店頭に商品を並べて売り、店の奥の畳部屋や2階で家族が生活をしていました。棒手振りは、お金を貯めて小店を持つことが夢だったそうです。

江戸を代表する小店は、**玄米を精米して白米にして販売する「舂米屋《つきごめや》」**です。江戸の人たちは毎日三度、白米を食べられることが自慢でした。「魚屋」「八百屋」「乾物屋」「菓子屋」など、食品を扱う小店も多くありました。新品の着物や道具を買える余裕がある人は少なかったので、「古着屋」や「古道具屋」も人気でした。単身男性の需要を満たすため、惣菜を売る「煮売屋《にうりや》」（後に居酒屋に発展）もありました。「桶屋」「傘屋」「瀬戸物屋」などの雑貨店も多くあり、こうした**小店が長屋の人たちの暮らしを支えていた**のです〔図2〕。

長屋の人たちの行きつけは表通りの小店

▶日用雑貨を売る小店〔図1〕

職人のなかには、自宅兼作業場でつくった商品を店先で売る者もいた。

「職人盡繪詞」国立国会図書館所蔵

小店は、大通りではなく横町（裏通り）に店を構えることも多かった。

▶江戸のおもな小店〔図2〕

江戸の庶民の生活を支えたのは小店だった。

舂米屋
米屋から仕入れた玄米を精米して白米にして販売した。

煮売屋
野菜、豆などを煮た惣菜を販売。店内でも飲食できた。

古着屋
庶民が買う服は古着が基本。当時、着物は貴重だった。

桶屋
職人がつくった桶を店頭で売った。当時の生活必需品。

傘屋
実用的な番傘やリサイクル品の張替傘などを販売。

八百屋
青物問屋から仲買人を通して野菜を仕入れて販売。

損料屋《そんりょうや》（➡P28）
レンタルショップ。あらゆる生活用品を貸し出した。

楊枝屋《ようじや》
楊枝とは歯ブラシのこと。看板娘がいることも。

36 江戸っ子は「宵《よい》越《ご》しの銭は持たない」?

なるほど!

実際に気前のよさもあったが、貯金ができない事情もあった!

江戸時代中期より、**江戸の町人地で生まれ育った住民は「江戸っ子」**と呼ばれるようになりました。江戸っ子には、「粋《いき》でいなせ」(身なりや態度がさっぱりしている)「気前がいい」「喧嘩っ早い」「見栄っ張り」など、独自の気質がありましたが、なかでも**「宵越しの銭は持たない」**(その日に稼いだお金は、その日に使う)は、江戸っ子気質《かたぎ》を象徴する言葉といわれます。

「江戸っ子」と自称する人は、腕のよい職人が多かったそうです。**大都市・江戸では多くの仕事があり、腕のよい職人はすぐにお金を稼ぐことができました。**

「宵越しの銭は持たない」には、気前のよさだけでなく、職人として自分の腕を自慢する意味もこめられていたと考えられています。ただ、一般的な職人の稼ぎでは貯蓄に回せる余裕はありません。また、江戸では5年に一度は大火災があり、家財もろとも焼失することもありました。**お金を貯めようにも、貯められなかった江戸の職人たちが、見栄と意地を張ってこのように語った**のでしょう。

江戸の職人は、大工や鳶職《とびしょく》、左官(壁塗り職人)、木挽《こびき》(製材職人)などの屋外で仕事をする「**出職**《でしょく》」と、傘職人や甲冑師《かっちゅうし》、桶職人、指物師《さしものし》(家具職人)、鍛冶屋などの屋内で仕事をする「**居職**《いじょく》」に分かれました(左図)。職人になるには長い修業が必要で、12歳頃に親方のもとに弟子入りし、10年ほど修業を続けた後、ようやく独立することができました。

江戸っ子を代表する職人たち

「出職」と「居職」 江戸の職人は「出職」と「居職」に大きく分かれた。

出職 建築関係が多く、特に大工・左官・鳶職は「華の三職」と呼ばれ、花形の職業だった。

鳶職

建築現場の高所での作業を専門とする職人。町火消（➡P94）として消火活動にもあたった。

左官

漆喰の壁は燃えにくかったので、商家の土蔵などの建築で活躍した。

大工

江戸には火事が多く、大工の需要は高かった。建築現場を取り仕切ったのは大工の棟梁《とうりょう》（親方）だった。

居職 おもに自分の家を仕事場にする職人で、天気に関係なく仕事ができた。

指物師

指物とは、釘を使わず木と木を差し合わせてつくる家具のこと。高い技術が必要だった。

鍛冶屋

刃物や釘などの金属製品を製作した。武士の象徴である刀をつくる刀鍛冶は一目置かれる存在だった。

Q 江戸の一般的な大工の年収はどのくらい？

約270万円 or 約470万円 or 約670万円

江戸には何百という多種多様な職業がありました。大店《おおだな》の経営者や歌舞伎役者などの特殊な職業を除いて、**高収入ナンバーワンは大工の棟梁《とうりょう》**でした。

大工の棟梁には、配下の大工だけでなく左官や鳶職《とびしょく》、屋《や》根《ね》葺《ふき》職人、畳職人などを束ねて、現場のすべてを取り仕切る能力が必要でした。また、**工賃は棟梁に全額が支払われ、**

その後に棟梁が職人たちに分配していたので、棟梁の取り分は大きくなりました。時代や場所、換算基準にもよりますが、大工の棟梁の年収は現在のお金に換算すると400万円以上あったとされます。

江戸では大工が一番稼げる職業で、年収は、ほかの職業の2倍ほどあったといいます。その理由は、**江戸では小規模な火災が毎日のように起きており、大工の需要が高かったため**です。特に大火災の後は、人手不足のため工賃が高騰し、幕府が工賃の値上げを禁止することもありました。

とはいっても、大工が経済的に余裕のある暮らしをしていたわけではありません。**大工は雨の日が続くと収入が途絶えて厳しかったといいます**。町人に税はありませんでしたが、食費や家賃、道具代など、生活に必要なお金を払った後、貯金に回せるのは年間12万円ほど（左図）。そんな一般的な大工の年収ですが、江戸時代後期の記録が残っていて、それによると265万円ほどでした。つまり、正解は約270万円です。高いとはいえない年収でしたが、大工たちは職人の花形として、威勢よく快活に働いていたのです。

ある大工の年間収支

『文政年間漫録《ぶんせいねんかんまんろく》』に記された1820年代の大工（夫婦と子どもひとり）の年収と家計の記録より。年間の労働日数は294日だった。

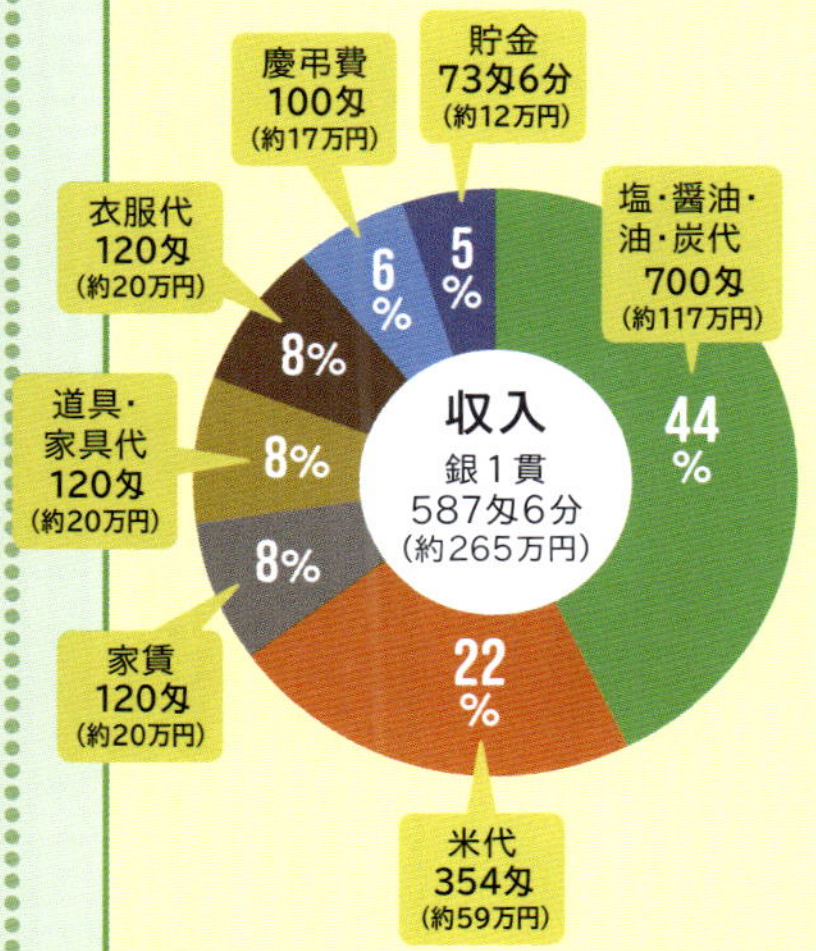

※銀60匁《もんめ》＝10万円で換算。グラフの数値は四捨五入のため合計100%にならない。

※参考資料：『図表でみる江戸・東京の世界』（江戸東京博物館）

37

江戸っ子のおしゃれは「チラ見せ」？

なるほど！

着物の裏地に凝ったデザインを入れて楽しむのが〝粋《いき》〟だった！

江戸の町人男性は着物を着ていましたが、そこにこだわりやおしゃれはあったのでしょうか？

現在「着物」と呼ばれている衣装は「小袖《こそで》」と呼ばれ、平安時代までは下着として着られていました。袖口が狭い小袖は活動しやすかったため、鎌倉時代以降は上着として着られるようになります。そして江戸時代になると、**町人男性では小袖を着て、腰に帯を締める「着流し」ファッションが主流となりました**（左図）。改まった席では小袖の上に羽織を着用しました。

町人の小袖の生地は基本的には木綿《もめん》で、ほとんどの町人は古着を購入しました。裕福な商人などは新品の絹の小袖を着ましたが、豪華すぎると幕府から処罰を受けました。履き物は、草履《ぞうり》や雪駄《せった》（草履の裏を革で補強したもの）、下駄《げた》、足袋《たび》などでした。

小袖の色や模様には、さまざまなものがありましたが、江戸時代中期以降に幕府がぜいたくを禁止する倹約令を何度も出します。このため庶民の小袖は地味になりましたが、裕福な商人などは、**小袖の裏地や裾回し《すそまわし》（裾裏につける布地）に高価な生地を使ったり、華やかな色や模様を入れたりするようになりました**。煙草入れや煙管《きせる》などの小物のデザインにも凝ったといいます。**江戸っ子は、ちらりと見える凝ったおしゃれや美意識を「粋」として好み**、他人に見せびらかすような派手なファッションを「野暮天」、つまり「ダサい」と酷評したのです。

見せびらかすのは「野暮」だった

江戸の町人男性のファッション

町人男性は小袖を着用した。夏は単衣《ひとえ》（裏地なし）、春・秋は袷《あわせ》（裏地あり）、冬は綿入れ（袷に綿を入れる）にした。

商家の主人

商家の主人などは、絹の小袖を着用し、前掛けを愛用することが多かった。

一般の町人

江戸時代後期には、縞《しま》模様や格《こう》子《し》模様の地味な小袖を着流しで着るのが人気だった。

印籠《いんろう》と根付《ねつけ》

印籠は薬などを入れる小さな容器で、根付は印籠などを腰にぶら下げるための留め具のこと。華やかな衣服が禁止されると、江戸っ子たちは凝ったデザインの小物類を好むようになった。

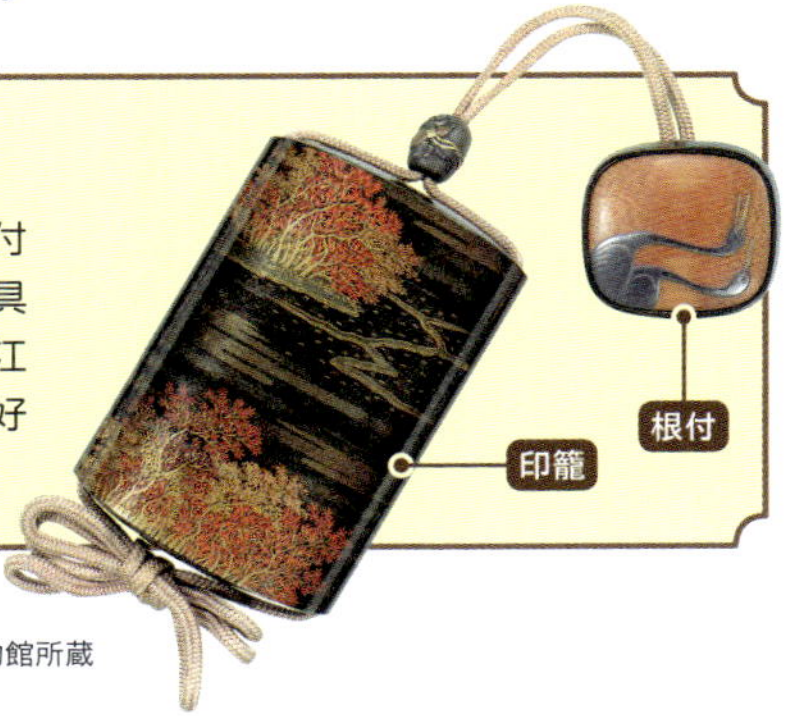

出典：ColBase
「紅葉桜蒔絵印籠」東京国立博物館所蔵

38

江戸の女性のファッションは？

なるほど！

男性と同じく小袖《こそで》が基本。小物や裏地でおしゃれをした！

江戸時代の町人の女性のファッションはどんなものだったのでしょうか？　女性も男性と同じく木綿《もめん》の小袖が基本でした。戦国・安土桃山時代の小袖は、身頃《みごろ》（着物の胴を包む部分）の幅はゆったりして帯は細いものでしたが、**江戸時代になると小袖は体にぴったりとしたもの**になります。裾《すそ》は長くなり、帯の幅はしだいに広くなっていきました。

町人の女性用の小袖の裾は武家をまねて長くなり、室内では引きずっていましたが、**外出するときは裾を折り上げてしごき帯で留めました**。長屋の女房が洗濯や料理をするときは、袖がじゃまにならないようにたすき掛けをして、汚れないように前掛けをしていました。

未婚の女性は袖の袂《たもと》が長い「振袖《ふりそで》」を着ましたが、**結婚すると振袖の袂を短くして留めた「留袖《とめそで》」**を着るのが習慣でした〔左図〕。ただ、未婚であっても18歳くらいで振袖の袖を切り、留袖にしたそうです。茶屋娘〔⬇P70〕として働く女性も留袖を着ました。

江戸時代中期からは、幕府の倹約令の影響で、男性の小袖と同様に**女性の小袖も地味で渋い色や柄になっていき、裏地は派手な色模様になっていきました**。帯の幅が広くなった影響で、前ではなく後ろで結ぶようになり、結び方も多彩になります。また、**髪型が複雑になったことで、デザインに凝った簪《かんざし》や櫛《くし》が流行**しました。女性も裏地や小物で〝粋《いき》〟なファッションを楽しんだのです。

袂の長さで未婚・既婚を区別した

江戸の町人女性のファッション

女性の衣服は、身分の違いを示すことよりも、既婚・未婚の区別がひと目でわかることを重視した。

裕福な町人

結婚したり、成人した女性は、留袖を着た。外出時は、裾を端折《はしょ》り上げてしごき帯で留めた。

商家の娘

未婚女性は振袖を着用した。裕福な商家の娘などは豪華な振袖を着た。

長屋の女房

長屋の女房は、料理や洗濯で毎日大忙しのため、たすき掛け、前掛け姿で働いていた。動きやすくするため、帯ではなく、紐《ひも》で結ぶこともあった。

39 江戸の女性のメイク事情は？

なるほど！

江戸の女性も身だしなみに対する意識が高かった！

江戸の女性たちは、メイクやスキンケアに高い意識をもっていました。例えば、**洗顔では美肌効果のある糠《ぬか》が入った糠袋を石鹸代わりに使っていた**そうです。化粧水は、「ヘチマ水」など手づくりのものが基本でしたが、市販の化粧水を使う人もいました。

歯磨きは、房楊枝《ふさようじ》（柳などの枝の先を裂いて房状にした歯ブラシ）を使います。細かい磨き砂に漢方薬で香りをつけた歯磨き粉も使っていました。

洗髪は、およそ月に1～2回。当時の洗髪は時間がかかり、乾かすのもたいへんだったので、湯屋ではなく自宅で洗うのが一般的でした。当時は海藻と小麦粉を混ぜたものをシャンプー代わりに使っていたそうです〔図1〕。

江戸時代の美人の条件は「色白」「切れ長の目」「小さな唇」だったといわれます。ですので、メイクの基本は「白粉《おしろい》」を塗ることでした。白粉は水で溶いて、刷毛《はけ》や手で顔や首、胸元まで塗りました。また、まぶたに白粉を濃く塗るなど、目を細く見せる工夫もしていたそうです。江戸では白粉を薄めに塗って、自然に見せることが好まれました。

口紅は、「おちょぼ口」のような小さな口元に見せるため、唇に小さく塗りました。これに加え、結婚した女性は**歯を黒く染める「お歯黒《はぐろ》」**をして、子どもが産まれると**眉毛を剃り落とすのが習わしでした**〔図2〕。江戸の女性のメイクには、未婚・既婚や子どもの有無を示す役割もあったのです。

メイクの習慣もあった江戸の女性

女性の身だしなみ〔図1〕

江戸時代の女性も、現代の女性と同様に、洗髪や洗顔、歯磨きなどの身だしなみに気を配った。

髪を洗った後は、お湯できれいにすすいで拭き、自然乾燥させた。

「江戸名所百人美女 今川はし」国立国会図書館所蔵

歯磨き

房楊枝の先端の房状になっている部分で、歯磨き粉を使って歯を磨いていた。

「風俗三十二相 めがさめさう 弘化年間むすめの風俗」国立国会図書館所蔵

女性の化粧〔図2〕

女性のメイクは白粉で肌を白く見せ、口紅をするのが基本。結婚した女性は歯を黒く染めるなど、メイクは社会規範のひとつでもあった。

口紅

紅花を原料とする紅はとても高価だった。口以外に、目の端に塗ることもあった。

お歯黒

お歯黒は「鉄漿《かね》」ともいい、毎日のように染め直した。貞操を示す意味があったとされる。

40 武士と町人で微妙に髪型が違った？

なるほど！

武士の髪型は**ぴっちり**、**町人**の髪型は**ゆったり**だった！

江戸時代の男性の髪型といえば、剃《そ》り上げた頭にちょんまげですよね。そもそもなぜ、あのような髪型なのでしょうか？

ちょんまげは元々、武士のための髪型でした。**武士が兜《かぶと》をかぶるときに髪の毛があるとじゃまだったので、頭頂部を剃り上げていた**のです。この剃り上げた部分を「月代《さかやき》」といいます。そして江戸時代に入ると、武士の髪型を町人や農民がマネするようになったのです。

月代を剃った後に残った髪を束ねてふたつに折り曲げ、頭上に置いた部分のことを「髷《まげ》」といいます。

実は、ちょんまげとは髷の種類のひとつで、本来は江戸時代に流行した本多髷《ほんだまげ》のことです。正確には髪の少ない老人が結う細く小さい本多髷の形が「〻《ちょん》」に似ていることから、こう呼ばれました。

武士と町人は月代に髷という同じ髪型ですが、微妙に違いがありました。**最大の違いは後頭部の「髱《たぼ》」と呼ばれる張り出した部分の形**で、武士の髱はぴっちりと結い上げますが、町人の髱はふわっと結いました。また、武士は髷を長くし、月代を狭くしました〔図1〕。

月代に毛が伸びていることは恥とされていました。そのため、町人男性は数日おきに「髪結床《かみゆいどこ》」に通っていました。**髪結床は現代の理髪店**で、髪結職人が月代と髭を剃ってくれて、髷も結い直してくれました〔図2〕。武士の髪は、従者などが結いました。

武士は格調高く、町人は軽やかに

武士と町人の髪型〔図1〕

男性の髪型は多種多様なスタイルが誕生し、流行した。ここでは江戸時代に最も一般的だった銀杏髷《いちょうまげ》を紹介する。

武士

武士の銀杏髷は「大銀杏《おおいちょう》」と呼ばれ、力士の髪型として現在に受け継がれている。

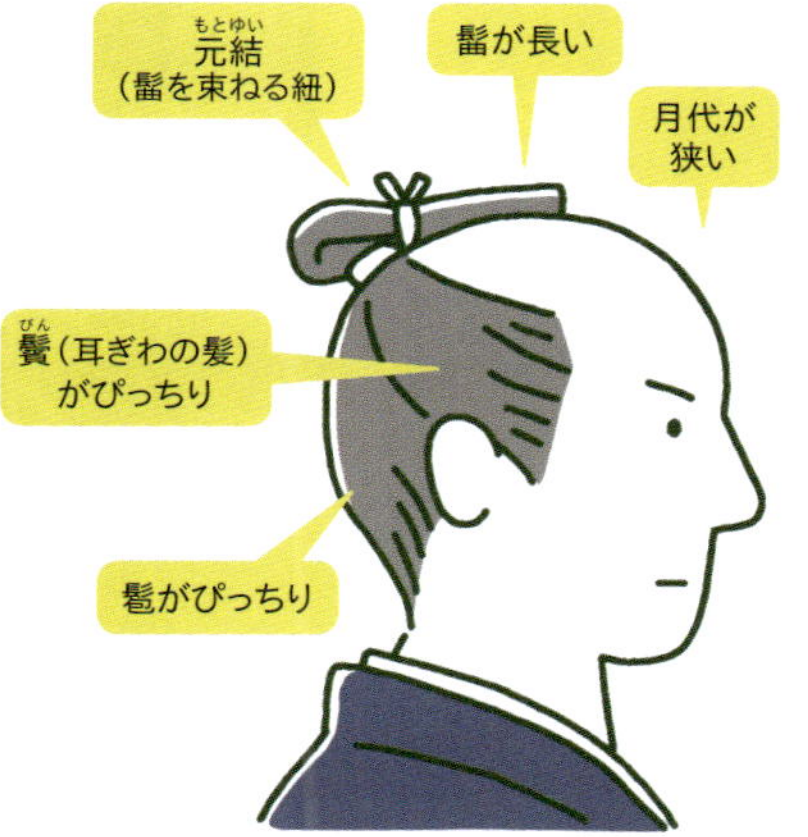

町人

町人の銀杏髷は「小銀杏《こいちょう》」と呼ばれ、髪の毛が少なく見えるのが「粋」とされていた。

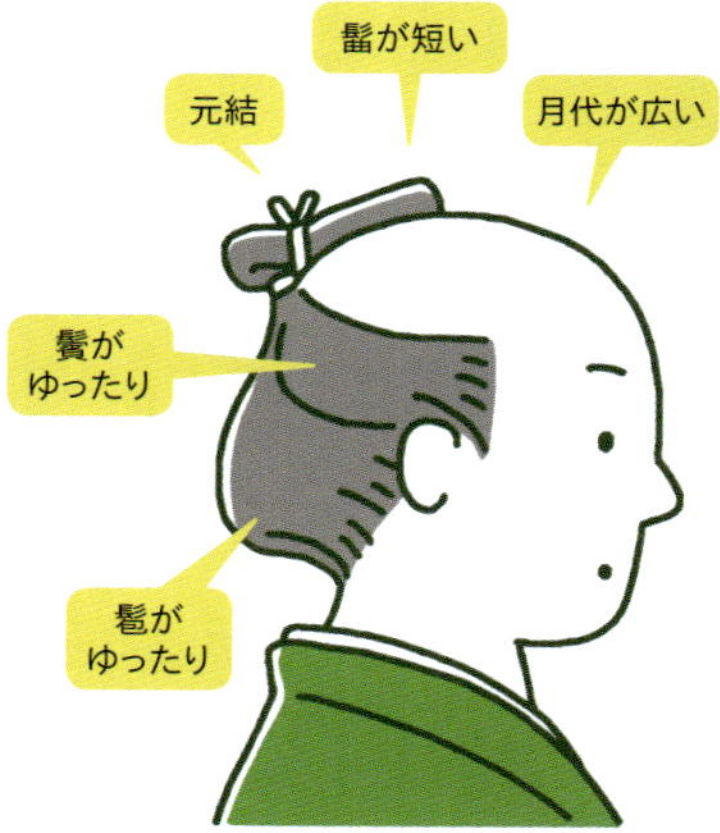

町人の理髪店「髪結床」〔図2〕

髪結床では、客は「毛受《けうけ》」と呼ばれる板を持ち、切った髪が地面に落ちないようにした。料金は幕末で大人32文（約640円）ほど。自分の番を待っている間は、客どうしで囲碁や将棋を楽しんでいた。

この絵は髪結職人が月代を剃るのに失敗した場面をユーモラスにえがいたもの。

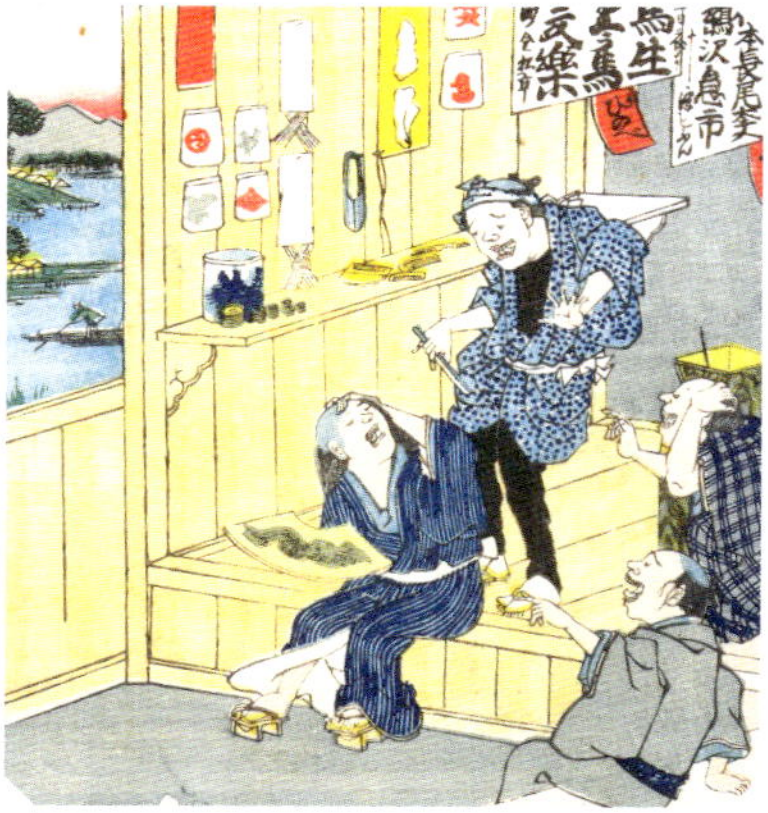

「江戸名所道戯尽 四十五 赤坂の景」国立国会図書館所蔵

41 女性は自分で髪を結えなかった？

なるほど！

女性の髪型は難しすぎて、プロに頼むしかなかった！

江戸時代は日本の歴史上、**結髪《けっぱつ》（髪を結うこと）が最も発展した時代で、髪型がバラエティに富み、数百種類あった**といわれています。

平安時代より、日本女性の髪型は後ろに長く髪を垂らす「垂髪《すいはつ》」が基本でした。江戸時代になっても武家女性の髪型は垂髪でしたが、町人女性は遊女の髪型をマネて、**「兵庫髷《ひょうごまげ》」「島田髷《しまだまげ》」「勝山髷《かつやままげ》」「笄髷《こうがいまげ》」**などを結うようになります。やがて、武家女性の髪型も結髪になっていきました。

これらの髪型を構成する要素には、**「前髪」「髷《まげ》」（髪を結った部分）「鬢《びん》」（耳ぎわの髪）、「髱《たぼ》」（襟足あたりの髪）**があります。江戸時代前半は、おもに髷の形だけで変化をつけていましたが、やがて髪をきつく結える「元結《もとゆい》」が普及します。鬢を横に張り出させたり、髱を後ろに伸ばしたりする道具が使われるようになると、**技巧的な髪型が数多く誕生し、広まりました**〔図1〕。こうした髪型を自分で結うのは無理だったので、**町人女性も結髪専門の女性美容師「女《おんな》髪結《かみゆい》」に頼むようになります。**

女髪結は店をもたず、客のところに出向いて髪を結いました。**料金は１回およそ２００文《もん》（約４０００円）**。幕府は「他人に髪を結わせるのはぜいたく」として女髪結をたびたび禁止しましたが、需要が途切れることはありませんでした〔図2〕。江戸の女性たちは、幕府に逆らってまでもおしゃれな髪型を追求していたのです。

素人の手に負えなくなった複雑な髪型

島田髷から発展した燈籠鬢《とうろうびん》〔図1〕

島田髷は江戸時代を代表する女性の髪型で、若い女性を象徴する髪型だった。島田髷の鬢を大きく張り出させたのが「燈籠鬢」で、向こうが透けるように結った。

燈籠鬢

左右の鬢を燈籠の笠のように大きく張り出させた。喜多川歌麿《きたがわうたまろ》（➡P156）は燈籠鬢の女性を多くえがいた。

島田髷

「高島田」「潰し島田」「結綿《ゆいわた》」など、さまざまなバリエーションがある。

女性の髪を結う「女髪結」〔図2〕

女髪結は幕府に摘発されると厳しい処罰を受けたが増え続けた。幕末の江戸には約1400人の女髪結がいたとされる。

この絵の女髪結は眉を剃《そ》り落としていることから既婚の子持ち女性であることがわかる

「葉うた虎之巻」（部分）
東京都立中央図書館所蔵

江戸クイズ ③

ここは、東京のどこ？

江戸近郊編

ここに示した絵は江戸近郊のある場所です。現在の東京のどこになるでしょうか？

Q1

ヒント

87ページQ4の近くで、富士山の眺めがよい景勝《けいしょう》地《ち》。富士塚（富士山を模した築山）があり、登れば富士山に登ったのと同じ霊験《れいげん》が得られるとされました。

Q2

ヒント

桜の名所・飛鳥《あすか》山《やま》の近くにあるこの滝に打たれると病気が治るとされ、多くの人が訪れましたが、河川改修のため現在は姿を消しました。

Q3

ヒント

この池は、神田上水の水源のひとつで、絵の中の弁天堂は現在も残っています。

Q4

ヒント

まっすぐに流れている川は玉川上水です。桜の名所として知られていました。

Q6

ヒント

海を望む丘陵地《きゅうりょうち》で、桜の名所でした。幕末に、この山の一部を削った土で、東京湾に台場（砲台）が築かれました。

Q5

ヒント

江戸四宿《えどししゅく》（➡P82）のひとつです。陸運の拠点だったので、荷馬がたくさんいました。

Q7

ヒント

江戸四宿（➡P82）のひとつです。手前は大名行列で、奥に富士山と町が見えます。この町は吉原（➡P128）です。

答えは187ページ

42 相撲を観戦できたのは男性だけ？

なるほど！

乱闘騒ぎが頻発するので、安全のため**女性は観戦禁止**に！

日本の国技である相撲は古代に始まったといわれ、奈良・平安時代には「相撲節会《すまいのせちえ》」という宮中行事として行われました。現在のように**相撲が娯楽として興行されるようになったのは江戸時代**です。江戸の相撲は、どのようなものだったのでしょうか？

江戸時代初期、寺社の建立や修理の費用を集めるため、各地で「勧進相撲《かんじんずもう》」が行われるようになりました。しかし、勝負をめぐって喧嘩が頻発したため、幕府は相撲興行を禁止しました。その後、江戸では1680年代に深川の富岡八幡宮《とみおかはちまんぐう》（江東区）や両国の回向院《えこういん》〔➡P43〕などで勧進相撲が許可されましたが、**1833年以降は、勧進相撲は回向院だけで行われることになりました。**回向院での相撲興行は、毎年春と秋に開かれ、その期間中のみ、境内《けいだい》に葦簀《よしず》（葦《あし》を編んでつくったすだれ）張りの仮小屋が建てられ、多くの観客が集まりました〔図1〕。**相撲は江戸を代表する娯楽となり、将軍が江戸城に力士を呼んで相撲を観戦することもありました。**しかし、興奮した観客による乱闘騒ぎが頻発したため、**危険を避ける意味で、女性の観戦は禁止**されたといわれます。

江戸時代後期には、スター力士も登場します。特に人気があったのは、**谷風《たにかぜ》、小野川《おのがわ》、雷電《らいでん》の三力士**でした〔図2〕。当時の相撲番付の最高位は「大関」だったのですが、谷風と小野川が横綱（腰に締める注連縄《しめなわ》）を締めて土俵入りすると大きな話題となり、明治時代に「横綱」が最高位となりました。

相撲観戦に熱狂した江戸の男たち

回向院の勧進相撲〔図1〕

土俵は二重で、４本の柱で屋根を支えていた。観戦用の仮小屋は３階席まである巨大なものだった。

「勧進大相撲興行之図」国立国会図書館所蔵

興行日数は1778年以降、晴天10日（雨天中止）となった。

江戸の人気三力士〔図2〕

江戸時代後期、３人の力士が人気を集めた。谷風と小野川の対戦は人気カードになった。少し遅れて登場した雷電は圧倒的な強さを見せつけた。

谷風
（1750～1795）

身長は約188cm
体重は約161kg
63連勝の記録を
小野川に止められた

小野川
（1758～1806）

身長は約176cm
体重は約140kg
谷風との対戦は
3勝6敗だったという

雷電
（1767～1825）

身長は約197cm
体重は約169kg
戦績は21年間で10敗
勝率96.2％を誇った

43 江戸時代の子どもは「神様」だった？

なるほど！

死亡率が高く、7歳までは子どもは**神に近い存在**とされた！

医療技術の未熟な江戸時代には、多くの乳幼児が亡くなったといわれます。正確な統計はありませんが、5歳までの死亡率は20～30％と推計されています。7歳までに亡くなる子も多く、「**七つ前は神のうち**」とされ、**いつ死んでもおかしくない神のような存在として大切に育てられました**。そのため、7歳までの子どもはわがままを許されましたが、**亡くなっても葬送されませんでした**。

子どもが無事に成長することが当たり前でなかった江戸時代には、すこやかな成長を祈願するさまざまな行事がありました。生後3日目に産着を着せる「**三日《みっか》祝い**」、7日目に名前をつける「**お七夜《しちや》**」、生後1か月前後に神社に参拝する「**産土詣《うぶすなもうで》**」（**お宮参り**）、生後100日頃にご飯を食べさせるまねをする「**お食《く》い初《ぞ》め**」などです。

3歳になった男女は前髪を伸ばし始める「**髪置《かみおき》**」、5歳になった男児は初めて袴をはく「**袴着《はかまぎ》**」、7歳になった女児は初めて帯をつける「**帯解《おびとき》**」（**帯直《おびなおし》**）を行いました。これらは現在の「七五三」に受け継がれています〔図1〕。

また、「**御役《おやく》三病**」**と呼ばれる疱瘡《ほうそう》**（**天然痘**）**・麻疹《はしか》・水疱瘡《みずぼうそう》**は子どもの死亡率が特に高く、これらを無事に終えることが親たちの切実な願いでした。当時、こうした感染症は怨霊や疫鬼《えきき》がもたらすと考えられ、**これらを退散する呪力があるとされた**「**疱瘡絵**」**や**「**麻疹絵**」**を飾って回復を祈りました**〔図2〕。

子どもの無事な成長を願うさまざまな行事

江戸時代の七五三〔図1〕

髪置・袴着・帯解は武家や裕福な商人の間で流行し、親たちは着飾った子どもたちを連れて、氏神《うじがみ》（地元の神様）をまつる神社に参拝した。

髪置

３歳までは髪を剃《そ》る習慣があり、３歳から髪を伸ばし始めた。

袴着

古くは男女ともに行っていたが、江戸時代に男児だけの行事として定着した。

帯解

付け紐《ひも》でくくる幼児用の着物ではなく、初めて本格的な着物の帯を締めた。

疱瘡除けの絵「疱瘡絵」〔図2〕

疱瘡にかからないよう飾ったり、疱瘡にかかった子のお見舞いに贈られた絵で、回復後は焼き捨てたり、川に流したりした。

鎮西八郎為朝《ちんぜいはちろうためとも》（源為朝）は、疱瘡を引き起こす疱瘡神を退治したとされ、疱瘡絵によくえがかれた。疱瘡神は、赤い服を着た子どもや老婆、赤い達磨《だるま》などの姿でえがかれている。

「鎮西八郎為朝 疱瘡神」（部分）東京都立中央図書館所蔵

44

ほぼボランティア？「寺子屋」のしくみ

なるほど！

年間の授業料が3万円ぐらいで、教師の年収は30万円ほどだった！

江戸時代の日本人の識字率は全国で60％以上、江戸の町では70％以上だったといわれ、同時代の世界と比べて最高水準でした。その理由は、ほとんどの子どもが寺子屋に通って勉強していたからです。

寺子屋とは、現在の学習塾のような教育施設で、町人や農民に「**読み**」（**読書**）「**書き**」（**習字**）「**そろばん**」（**計算**）を教えました。江戸時代は商業が発達していったので、商人ではなくても計算能力が必須でした。また、出版文化が華開いたことで読書をする人たちが増加しました。「読み・書き・そろばん」は江戸の人たちの生活になくてはならない能力となり、子どもたちは将来のために寺子屋に通ったのです。幕末の江戸には、寺子屋は1500以上もあったといわれています。

寺子屋のほとんどは男女共学で、7〜8歳頃に入門して4、5年通うのが一般的でした（図1）。「手習《てならい》師匠」と呼ばれた教師が生徒に手本を与えて自習させ、マンツーマンで指導するスタイルです。女子には裁縫も教えました（図2）。

寺子屋の師匠は、僧侶や神官、浪人、医師などが中心でしたが、江戸には女性の師匠が多く、全体の10％以上を占めていました。寺子屋の授業料に決まりはありませんでしたが、江戸では金一朱《しゅ》（約62 50円）を年5回納めるのが一般的でした。**寺子屋の師匠としての年収は30万円ほど**。ボランティア的な経営をする寺子屋も多かったようです。

生徒に自習させて個別指導するスタイル

寺子屋のスケジュール〔図1〕

寺子屋には7〜8歳頃の初午《はつうま》（2月最初の午の日）に入学するのが一般的だった。休日は毎月1日・15日・25日のほか、年末年始に盆などが一般的で、現在より少なかった。

寺子屋の1日

朝五つ	午前 ８時頃	授業開始
昼九つ	正午頃	昼食のために帰宅・再登校（弁当を持参する子もいた）
昼八つ	午後 ２時頃	授業終了

寺子屋の授業風景〔図2〕

寺子屋は江戸では「手習所《てならいしょ》」と呼ばれていた。出席・欠席も自由で、生徒の年齢はばらばらだった。

「文学万代の宝 始の巻・末の巻」（部分）東京都立中央図書館所蔵

師匠の方を見ている生徒はほとんどおらず、騒がしい様子が伝わる。女性の師匠もえがかれている。

Q 江戸時代の再婚率はどのくらいだった?

約1% or 約20% or 約50%

離婚した後に再び結婚をする再婚。現在、結婚全体のうち再婚の割合は約25%です。統計によると、現在の*離婚率が約1・5%なのに対し、**江戸時代は約4・8%もあった**そうです。現在よりも江戸時代の方が、はるかに離婚が多かったのです。

江戸の町人の結婚は、恋愛結婚もありましたが、「お見合い」が基本で、親や親類、

*人口1000人あたりの年間離婚件数の割合。

長屋の大家などが相手を選び、仲人《なこうど》による仲介を経て結婚するのが一般的でした（左下図）。

また意外にも、江戸時代には不倫（不義密通）が多かったようです。当時、不倫は男女ともに死罪に相当しましたが、現実には表沙汰にすることを避けて、示談金（75万円ほど）を払って穏便に済ませることがほとんどでした。

不倫相手と結ばれるため、離婚して再婚する人もいたようです。離婚の際、**夫は妻に「三行半《みくだりはん》」と呼ばれる離婚証明書**を渡しました。三行半は、夫から妻に対する一方的な絶縁状ではなく、夫からの再婚許可書でした。建前上、離婚の決定権は夫側にありましたが、妻側が無理やり三行半を書かせることもありました。夫が離婚に応じなければ、実家に戻る妻も多くいました。

江戸時代、結婚生活を経験した女性は、経験者としてプラスに評価されていました。

また、江戸時代には、**離婚はタブー視されておらず、武家夫婦の10組に1組は離婚していました。そして、離婚した女性たちは当たり前のように再婚していた**のです。

記録によれば、江戸時代の再婚率は50%を超えていたといいます。つまり、正解は約50%ですね。

江戸時代の結婚式

江戸時代の結婚式は「祝言《しゅうげん》」と呼ばれ、夕方から夜に行われることが一般的だった。新婦が上座、新郎が客座につくことが多かった。

「春信婚姻之図」国立国会図書館所蔵

花嫁衣装は現在と同様に白無垢《しろむく》・綿帽子だった。座が整うと、酒を飲み交わす「三々九度《さんさんくど》」があり、その後、お色直しがあった。上の絵は裕福な町人の祝言をえがいたもの。

45 産婦は産後7日間、眠れなかった？

なるほど！

産後に横になるとのぼせる…という迷信があった！

江戸時代は、母親も命がけで出産しました。当時、**20代前半までの女性の約30％が難産などのために亡くなった**とされます。農村ではほとんどの女性が結婚し、平均して4、5人の子どもを40歳頃までに産んでいました。亡くなる子どもが多かったので、農村の人口維持のため、女性は多くの子を産むことを求められました。その結果、妊娠・出産にともなうリスクが上がりました。江戸や大坂などの大都市では家族をもつことが難しかったこともあり、出生率は農村より低くなりました。

江戸時代の出産は、しゃがんだ姿勢で出産する「座産《ざさん》」でした。出産が始まると、妊婦は天井から吊り下がった綱《つな》につかまって陣痛に耐えるのが一般的で、産婆に介助してもらいました〔図1〕。緊急事態以外で産科医を呼ぶことはありませんでした。

当時の出産で特徴的なのは、**出産直後の産婦を「産椅《さんい》」という座椅子に座らせたまま、最低7日間、眠らせなかったという習慣**です〔図2〕。これは、出産後に横になると頭に血がのぼり頭痛やのぼせ、めまいが起きると信じられていたためです。しかし、この過酷な習慣のせいで衰弱して亡くなる産婦もいました。ほかにも、当時は胎児が大きく育ちすぎないように、妊婦の腹部を腹帯《はらおび》で強く締める習慣もありました。江戸時代中期の産科医・賀川玄悦《かがわげんえつ》は、産椅や腹帯を強く締める習慣をやめるように訴えましたが、明治時代になるまで続きました。

壮絶すぎる江戸時代の出産

出産の様子〔図1〕

陣痛が始まった妊婦は、産屋《うぶや》（出産専用の小屋）や、出産用の部屋に移され、産婆や近隣の女性たちの介助によって出産した。出血をともなう出産はケガレと考えられ、基本的に男性の立ち会いは禁止された。

新生児を
入浴させるための産湯《うぶゆ》

妊婦は積み重ねた布団や俵に寄りかかったり、介助者に後ろから腰を抱かれたりして、座った姿勢で出産した。胎盤は夫が土に埋めた。

産椅に座る産婦〔図2〕

出産を終えた産婦は、７日間、産椅に座らされたままの姿勢で過ごした。

産婦が疲労で眠ってしまいそうになると、付き添いの家族が声をかけて起こした。体への負担が大きく、足腰が弱って立てなくなる産婦もいた。

「春信婚姻之図」国立国会図書館所蔵

46

江戸時代にインフレ、デフレがあった？

なるほど！

幕府が不況のたびに質の悪い小判をつくり、経済が混乱した！

貨幣制度の統一を目指す徳川《とくがわ》家康《いえやす》は、１６０１年、江戸幕府を開く前に小判（慶長《けいちょう》小判）をつくり始め、さらに銀貨（慶長丁銀《ちょうぎん》）を鋳造《ちゅうぞう》しました。**家康は、貨幣の発行権を独占することで、大名を経済的に支配しようとした**のです。

貨幣をつくるため、家康は全国の金山・銀山を直轄地にしました。その後、江戸幕府は銭貨《せんか》（寛永通《かんえいつう》宝《ほう》）を鋳造し、金貨・銀貨・銭貨〔➡P18〕による「三貨制度」を確立。貨幣は、金座・銀座・銭座と呼ばれる幕府の機関がつくるようになりました〔図1〕。

慶長小判から約１００年後、経済が発達し、貨幣の流通量が増大する一方、金や銀の産出量が落ちこみます。貨幣の鋳造量が減り、幕府の財政状況は苦しくなっていました。そのため幕府は、**小判に含まれる金の量を約30％減らして、新たな小判（元禄《げんろく》小判）を発行**します。これにより、幕府は約５００万両（約５０００億円）の利益を得ましたが、貨幣価値が下がってインフレが起きてしまいます。

インフレの解消を目指す幕府は、１７１４年に慶長小判と同じ品質の「**正徳《しょうとく》小判**」を発行します。すると今度は、貨幣の流通量が減ってデフレ*不況が起こったので、再び品質を下げた小判をつくりました。その後も、**財政赤字に苦しむ幕府は何度も小判の品質を下げる改鋳《かいちゅう》を行いました**。幕末につくられた「**万延《まんえん》小判**」は、慶長小判と比べて重さは約17％、含まれる金の総量は約11％だったそうです〔図2〕。

*物価が継続して下落する状態。

幕府が独占していた貨幣鋳造権

金貨を鋳造した金座〔図1〕

金座は小判や一分金《いちぶきん》などの金貨を鋳造した幕府の機関。江戸の金座の跡地には、現在、日本銀行本店が建っている。

日本銀行貨幣博物館所蔵

木槌で打って小判の形を整えている場面。金座の職人は、退出時に裸にされて厳重な身体検査を受けた。

品質が低下する小判〔図2〕

幕府は貨幣改鋳を８回行ったが、ほとんどの改鋳で貨幣の重さや金の含有量は減らされた。改鋳による利益は幕府の財政赤字の埋め合わせに使われた。

実物大

万延小判

鋳造年：1860年
重量：3g
金含有率：57%

実物大

慶長小判

鋳造年：1601年
重量：18g
金含有率：84%

出典：ColBase「慶長小判」「万延小判」東京国立博物館所蔵

＊インフレ：インフレーションの略。貨幣価値が下がり、物価が上昇すること。 ＊デフレ：デフレーションの略。

47 吉原は女性も遊べる娯楽スポット？

なるほど！

華やかなイベントが毎晩催され、女性も見学に訪れていた！

江戸の遊郭《ゆうかく》として有名な「吉原」。どのような場所だったのでしょうか？

江戸時代初期、幕府は売春を管理し、治安・秩序を守ることを目的に、**公認の遊郭「吉原」を日本橋の近くに建設しました。**明暦《めいれき》の大火〔➡P42〕によって吉原が焼失すると、**浅草の北に移転し、1・5倍の規模になり、「新吉原」と呼ばれました。**現在、吉原と呼ばれているのは新吉原のことです。吉原（新吉原）には3000人以上の遊女がいたといわれ、妓楼《ぎろう》の関係者や商人、職人などを含めると約1万人が働いていました。吉原は約300m四方の人工的な町で、周囲には塀がめぐらされ、その外には「お歯黒《はぐろ》どぶ」と呼ばれる水堀がありました〔図1〕。

吉原に入るルートは、ひとつだけ。「**日本堤**《にほんづつみ》」と呼ばれる土手を進み、目印となる「**見返り柳**《みかえりやなぎ》」を曲がって「**五十間道**《ごじっけんみち》」を進むと、吉原唯一の出入口である「**吉原大門**《よしわらおおもん》」にたどり着きます〔図2〕。大門をくぐると、**「仲之町《なかのちょう》」と呼ばれるメインストリートが伸び、その左右に妓楼が建ち並んでいました。**

吉原には、男性だけでなく、許可を得た女性もつめかけていました。**吉原では毎晩のように芝居や踊りなど、華やかなイベントが行われ、誰もが楽しめる娯楽スポットだった**のです。遊女たちが着こなす最新のファッションをマネする女性も多くいました。

人工的に造成された江戸の巨大歓楽街

「東都 新吉原一覧」(部分) 東京都立中央図書館所蔵

吉原の全景〔図1〕人工の町である吉原は周囲から隔絶された異世界だった。

吉原の形は四角形で、周囲は田畑に囲まれていた。3000人以上の遊女がいたが、華やかな暮らしを送れるのはほんの一部で、ほとんどの遊女は吉原を出られないまま若くして亡くなった。

吉原までのルート〔図2〕

吉原に向かうには、日本堤から五十間道を通り、大門に入るルートしかなかった。ルートがひとつなのは、遊女の逃亡を防ぐため。

1 日本堤

吉原に続く土手の一本道で、徒歩または駕籠《かご》で進んだ。

2 五十間道

吉原のガイドブック『吉原細見《よしわらさいけん》』を売る店が建っていた。

3 吉原大門

吉原唯一の門で、不審者や逃亡する遊女を見張った。

48 浮気は厳禁？ 吉原のしくみ

なるほど！

遊女と擬似的に結婚するので、**浮気はルール違反**とされた！

実際に吉原で遊女と遊ぶ場合、どのようなしくみになっていたのでしょうか？ 吉原の表通りには、大見世《おおみせ》・中見世《ちゅうみせ》・小見世《こみせ》などさまざまな規模の妓楼《ぎろう》が80軒以上あり、東西の端には河岸見世《かしみせ》・局見世《つぼねみせ》（切《きり》見世《みせ》）など、格式の低い妓楼も数多くありました。**大見世の高級遊女「花魁《おいらん》」（呼出し昼三《ちゅうさん》）**〔図1〕**と遊ぶには、まず仲之町《なかのちょう》**〔→P128〕**にある「引手《ひきて》茶屋」で仲介を頼み、茶屋で酒宴を開きます。**すると、着飾った花魁が茶屋まで迎えにきて、妓楼に案内してくれました。花魁が新人遊女を従えて妓楼と茶屋を行き来するときの行列は、「**花魁道中**」と呼ばれました。

中級・下級の遊女たちは、夕方になると**妓楼1階の道に面した格子窓つきの「張見世《はりみせ》」に並んで座らされました**〔図2〕。客は妓楼に行って格子窓ごしに遊女たちを眺め、希望する遊女を指名するのです。相手が決まった客は、妓楼2階の「引付《ひきつけ》座敷《ざしき》」に案内されます。そこで酒宴が開かれ、遊女と対面しました。酒宴の後、客と遊女は寝床に行って情交しましたが、すぐに寝床に行きたがる客は軽く見られたそうです。吉原では、**初めての遊びを「初会」、2回目を「裏を返す」といい、3回目からは「馴染み」**と呼ばれました。

ちなみに、吉原では**一度遊女を買えば「擬似婚姻関係」の成立とされ、ほかの遊女と遊ぶのはルール違反**でした。そのため、浮気がばれた顔に落書きをされたり、髷《まげ》を切り落とされたりしたそうです。

高額費用が必要だった高級遊女との遊び

遊女の階級と料金〔図1〕

江戸時代後期より、それまで複雑だった遊女の階級が6段階に簡素化され、部屋持以上が「花魁」とされた。吉原で人気の花魁と遊ぶには遊女代のほか、宴会費やご祝儀も必要で、合計で100万円ほどかかった。

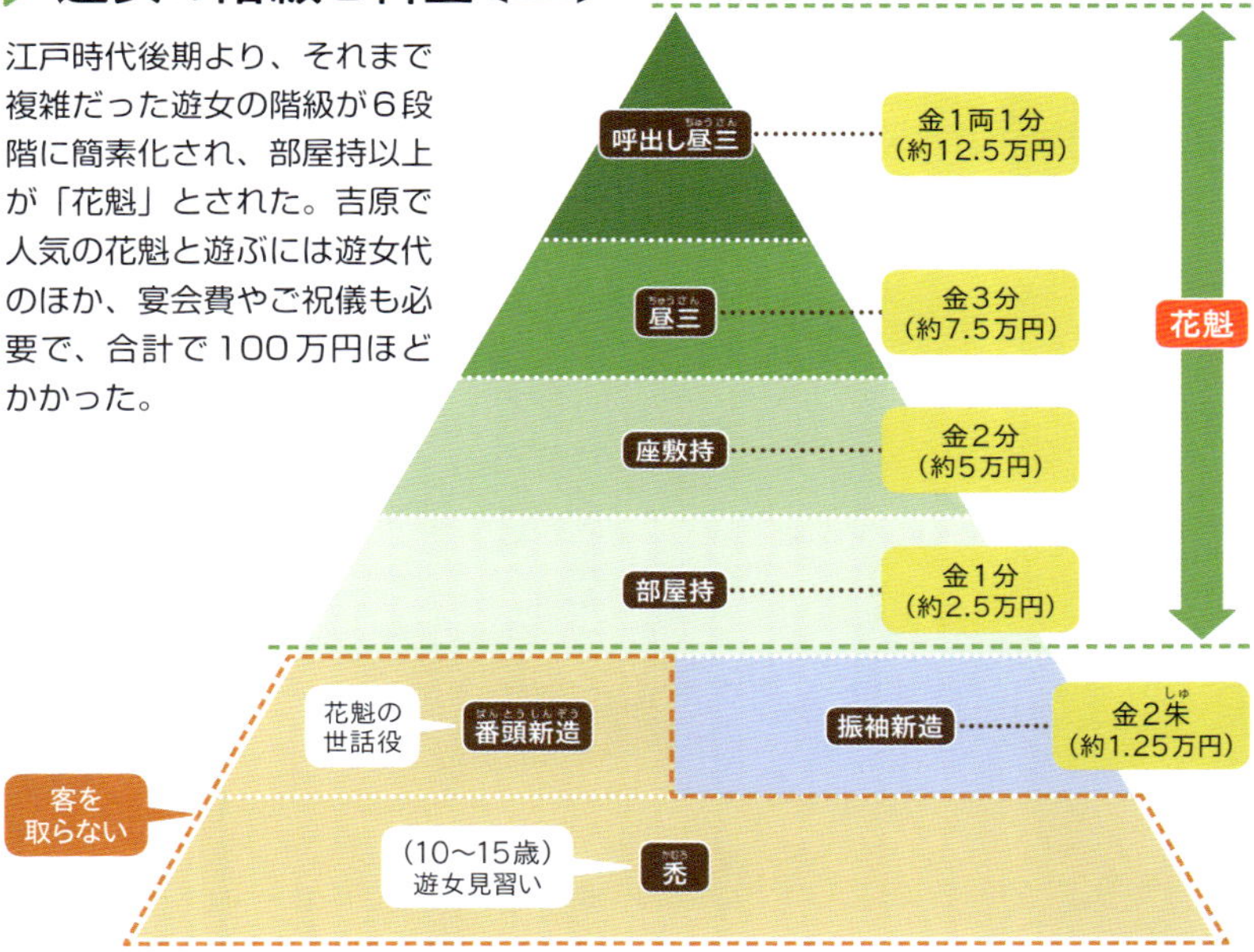

妓楼の張見世〔図2〕

「呼出し昼三」以外の遊女は、通りに面した格子窓つきの部屋に並んで座らされた。

客は格子窓ごしに遊女を品定めした。

49 江戸にたくさんあった「岡場所」とは？

なるほど！

江戸市中には私娼屋が集まる「岡場所」がたくさんあった！

幕府公認の遊郭《ゆうかく》「吉原」（⬇P128）は華やかな娯楽スポットで、遊女の教養は高く、衣装も豪華でした。しかし、江戸の中心地から遠く、なにより料金が高額でした。そして江戸は男性が圧倒的に多く、その多くは金銭的な余裕もありませんでした。こうした事情から、江戸市中には**非合法の私娼屋が集まった遊郭「岡場所」が100か所以上もあった**といわれ、数千人の私娼が働いていたとされます（図1）。

岡場所は富岡八幡宮《とみおかはちまんぐう》（江東区）や根津《ねづ》神社（文京区）、氷川《ひかわ》神社（港区）、回向院《えこういん》（墨田区）などの寺社の門前や、盛り場の裏町などにあり、料金が安く、交通の便利がよく、気軽に利用できたため、吉原より人気があったそうです。町奉行所は岡場所を取り締まろうとしましたが、寺社の門前は寺社奉行の管轄であったり、私娼が多すぎたりしたため、黙認されていました。

幕府が宿場の旅籠《はたご》（⬇P82）に「飯盛女《めしもりおんな》」を置くのを認めたことも、岡場所の繁盛に影響しました。**飯盛女は、表向きは食事の給仕係ですが、実際は私娼だった**のです。江戸に最も近い「江戸四宿《えどししゅく》」（品川宿・千住宿・板橋宿・内藤新宿）の旅籠には、特に多くの飯盛女が置かれたので、江戸から通える岡場所として大繁盛しました（図2）。

しかし江戸時代後期、松平定信《まつだいらさだのぶ》による寛政《かんせい》の改革と、水野忠邦《みずのただくに》による天保《てんぽう》の改革によって、江戸の岡場所は徹底的に取りつぶされたそうです。

独身男性の需要に応じた岡場所

江戸のおもな岡場所〔図1〕

江戸の岡場所は最盛期には100か所以上あったといわれ、江戸四宿のほかに、深川や本所、浅草周辺など、隅田川沿いに多かった。特に深川は、富岡八幡宮の門前（仲町）をはじめ、有名なところだけで7か所あり、「深川七場所」と呼ばれた。

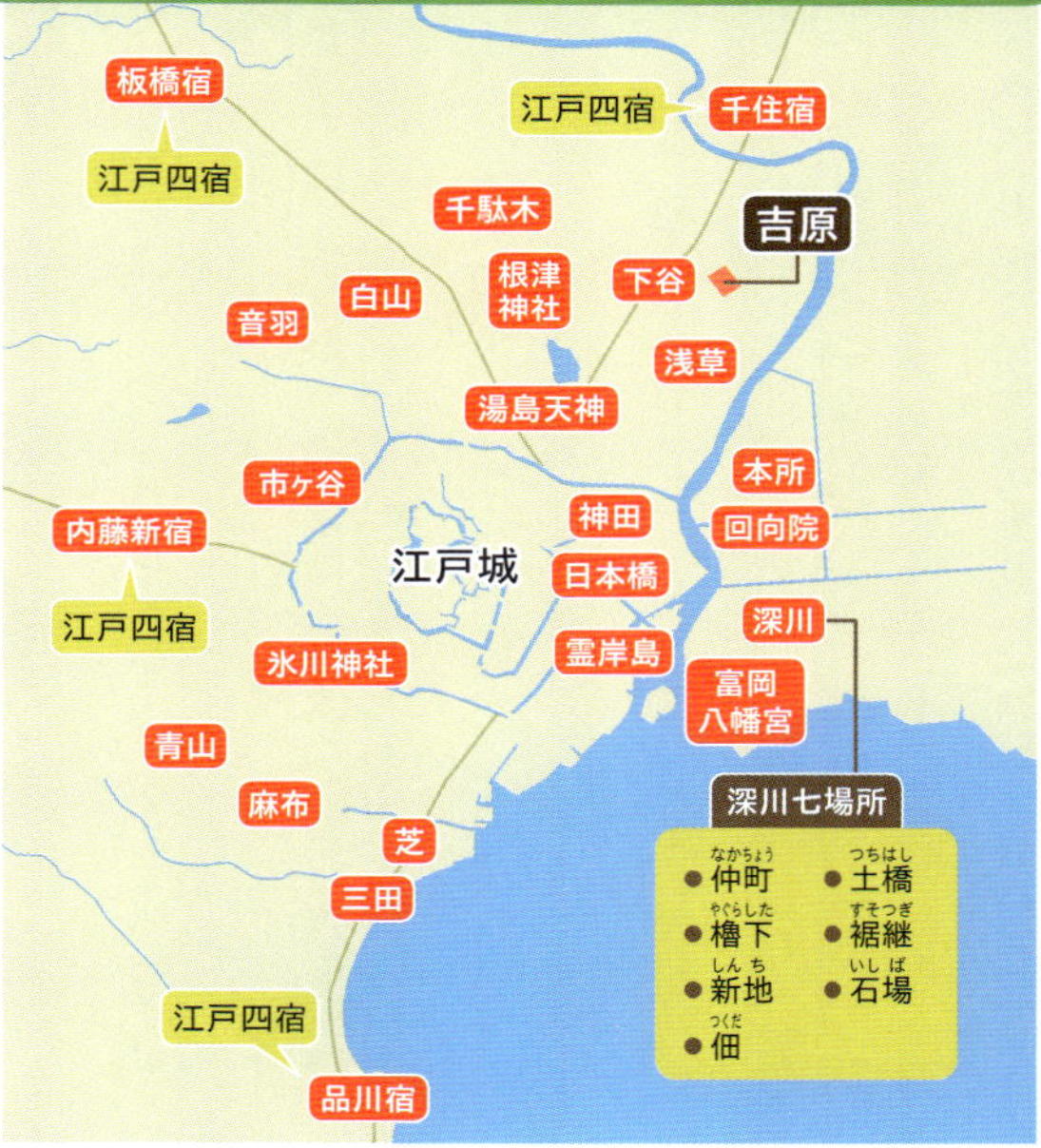

内藤新宿の飯盛女〔図2〕

甲州街道の最初の宿場である内藤新宿は、飯盛女が置かれて岡場所としても大きく繁栄した。そのにぎわいは現在の新宿に受け継がれている。

吉原の花魁《おいらん》のような
大きなかんざしをつけているが、
布団が薄く、枚数も少ない

内藤新宿には150人の飯盛女を置くことが許されていたが、実際にはその倍以上がいた。料金は昼600文《もん》（約1万2000円）、夜400文(約8000円）が基本だった。

「江戸名所百人美女 内藤新宿」
国立国会図書館所蔵

50 江戸の人たちはコスプレ好きだった？

なるほど！

江戸の人たちは**祭りや花見で仮装や異性装**を楽しんでいた！

現在、ハロウィンで仮装をする人が増えていますが、江戸時代の人たちも仮装を楽しんでいました。江戸では、神田祭や山王祭などの大きな祭りがありましたが、**江戸の人たちが最も楽しみにしていたのは、余興として行われた「付け祭り」と呼ばれる仮装行列**でした〔図1〕。付け祭り以外でも、江戸の人たちが、祭りや花見などで仮装を楽しんでいた様子が、数々の浮世絵に残されています。

また、**江戸では「異性装」（異性の服装を着ること）が一般的に行われていました。**異性装を極めたのが、歌舞伎で女性役を演じる男性の「女方《おんながた》」（女形《おんながた》）。女方の役者は、舞台の上だけでなく日常生活でも女性として暮らし、女性らしい話し方やしぐさを身につけました。**舞台の上で美しく着飾った女方は町人女性のあこがれの的になり、ファッションリーダーになったそうです。**江戸時代中期の人気女方・瀬川菊之丞《せがわきくのじょう》（2代）は、笠森お仙《かさもりおせん》〔⬇P70〕らと並び、「江戸三美人」と称されていました。曲亭馬琴《きょくていばきん》〔⬇P176〕の長編小説『南総里見八犬伝《なんそうさとみはっけんでん》』に登場する8人の剣士（八犬士）のうち、*2名が女装をしています。

一方、女性の異性装で有名なのが、吉原で行われた即興芝居「吉原俄《よしわらにわか》」です。**吉原俄では、吉原の芸者が男装して、鳶職《とびしょく》や火消しなどを演じて人気を博しました**〔図2〕。「辰巳《たつみ》芸者」と呼ばれた深川（江東区）で働く芸者は、男物の羽織を着て気前がよく、威勢のいい職人などに人気だったそうです。

*女装の剣士・犬坂毛野《いぬさかけの》のほか、犬塚信乃《いぬづかしの》は女装で育てられた。

テンションが上がった仮装・異性装

神田祭の「付け祭り」〔図1〕

仮装する人たちは、動物の着ぐるみを着るだけでなく、羽子板や鞠などに仮装したり、頭に魚をのせて魚になったりしていた。

「神田明神祭禮繪巻」国立国会図書館所蔵

江戸の異性装〔図2〕

江戸には異性装の風俗があり、一般の人たちも祭りや花見などで異性装を楽しんでいた。

「御祭礼獅子之図」（部分）
東京都立中央図書館所蔵

出典：ColBase「二代目瀬川菊之丞の勘平女ぼうお軽」（部分）東京国立博物館所蔵

吉原俄

毎年8月、吉原で行われた即興芝居で、男装した芸者の演目が人気だった。

瀬川菊之丞（2代）

通称は王子路考《おうじろこう》といい、路考が好んだ茶色「路考茶」や、路考の帯の結び方「路考結」、「路考髷《まげ》」「路考櫛《くし》」など、路考の名がつくものが流行するほど人気だった。

これは男性？ それとも女性？

江戸時代には男装や女装がごく当たり前に行われていたそうです。ここに示した絵にえがかれているのは男性でしょうか？ 女性でしょうか？

Q1

ヒント

縁側で耳打ちしているところを、障子の間から誰かがのぞいています。３人とも女性に見えますが、ひとりは男性です。

Q2

ヒント

東洲斎写楽《とうしゅうさいしゃらく》（➡P154）がえがいた役者絵です。

Q3

ヒント

祭りに参加しているような衣装で、後ろには獅子舞の獅子頭が見えます。

Q4

ヒント

眉を剃《そ》り落とした女性（右）と、三味線を弾く女性（左）のどちらかが男性です。

Q5

ヒント

桃の花を折っているのは男性のようにも女性のようにも見えます。髪型に注目してみてください。

Q6

ヒント

女性の髷《まげ》を結っていますが、青い髭剃り跡までは隠せなかったようです。

答えは188ページ

国《こく》学《がく》

古典研究を通して、日本固有の文化・精神を追求した！

江戸時代中期になると、仏教や儒学《じゅがく》〔↓P24〕が伝わる前の日本固有の考え方や精神、言語、習俗などを研究する「国学」が盛んになりました。国学を始めたのは、17世紀後半に活躍した僧・契沖《けいちゅう》とされます。日本の古典研究を進めていた契沖は、日本最古の歌集『万葉集《まんようしゅう》』の解説本を著し、中世以降の和歌を批判しました。その後、賀茂真淵《かものまぶち》は「古代の精神を知るには、古代の言葉を学ぶべき」と考え、古典研究を進めました。

真淵の後継者として、現存する日本最古の歴史書『古事記《こじき》』を言語学的に研究したのが本居宣長《もとおりのりなが》です。712年に成立した『古事記』は、江戸時代には読み方がわからなくなっていました。そこで宣長は、35年の歳月を費やし、『古事記』の注釈書『古事記伝《こじきでん》』を完成させます。宣長の業績は、現在でも高く評価されるほど実証的なものでしたが、宣長は『古事記』の内容はすべて真実だとし、日本が世界で最も優れた国だと主張しました。

宣長の影響を受けた国学は、やがて天皇を尊ぶべきとする「尊王論《そんのうろん》」に結びつきます。幕末には、外国勢力の排斥を目指す「攘夷論《じょういろん》」が「尊王論」と結びついて「尊王攘夷運動」が起こり、倒幕運動へと進展していきました。

日の神論争

宣長は、小説家・上田秋成《うえだあきなり》と、日の神（天照大御神《あまてらすおおみかみ》）をめぐって書簡を通して論争した。宣長は「日の神は世界中を照らしている。日の神が生まれた日本は世界の宗主国だ」と主張したが、秋成は「日本の神話を他国に押しつけても通用しない」と反論した。

第4章

江戸を彩った
文化人たちのあれこれ

江戸時代後半には、小説や浮世絵などの出版文化が花開きました。出版文化をリードした蔦屋《つたや》重三郎《じゅうざぶろう》を中心に、出版に関連する文化人を紹介していきます。

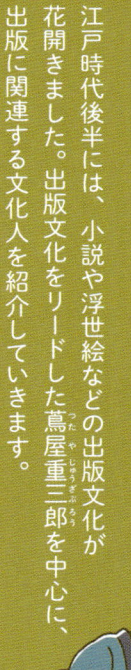

51 「江戸の文化」は大きく分けて3種類？

なるほど！

おもに「寛永《かんえい》文化」「元禄《げんろく》文化」「化政《かせい》文化」の3つに分かれる！

江戸時代は約260年間ありましたので、時代によって文化も変わっていきました〔左図〕。江戸時代初期の「**寛永文化**」の担い手は、大名や公家などでした。**寛永文化は桃山文化を受け継ぎ、豪華絢爛《ごうかけんらん》で古典的な美意識が特徴**です。壮麗な日光東照宮《にっこうとうしょうぐう》（栃木県）や数寄屋造《すきやづくり》（茶室を取り入れた邸宅）の桂離《かつらり》宮《きゅう》（京都市）、洗練された蒔絵《まきえ》（漆《うるし》工芸）を残した本《ほん》阿弥光悦《あみこうえつ》などが知られています。

江戸時代中期には、上方《かみがた》（京都・大坂周辺）の商人が経済力をつけ、**商人を中心とする明るく活気に満ちた「元禄文化」が発展**します。井原西鶴《いはらさいかく》は『日《にっ》本永代蔵《ぽんえいたいぐら》』などの浮世草子《うきよぞうし》（小説）を発表して町人の生活をえがき、松尾芭蕉《まつおばしょう》は俳諧《はいかい》（俳句）を芸術の域に高め、俳諧紀行文『奥《おく》の細道《ほそみち》』を残しました。絵画の分野では、寛文期の画家・俵屋宗達《たわらやそうたつ》の技を継承した尾形光琳《おがたこうりん》が大胆で装飾的な絵画をえがき、**新しい装飾芸術の様式「琳派《りんぱ》」を生み出しました**。

江戸時代後期の文化《ぶんか》・文政《ぶんせい》年間には、経済が発展した江戸で、**一般の町人を中心とした「化政文化」が発達**しました。化政文化には、さっぱりとした「粋《いき》」を尊び、批判・皮肉を楽しむ特徴があります。**歌舞伎**〔➡P178〕**や花見、花火などの娯楽**が広まり、町人たちが読書を楽しむようになります。蔦屋重三郎《つたやじゅうざぶろう》〔➡P144〕は、小説だけでなく、浮世絵も出版し、江戸の出版文化をリードしました。**この章では、化政文化を中心に解説**していきます。

化政文化の担い手は江戸の一般町人

江戸時代の文化の比較

江戸時代の文化は、「寛永文化」「元禄文化」「化政文化」の３つに大きく分類できる。

寛永文化

- **時期** 江戸時代初期（17世紀前半）
- **特徴** 桃山文化を継承し、豪華で古典的
- **担い手** 皇族・公家・武家など
- **建築** 日光東照宮、桂離宮
- **工芸** 本阿弥光悦（蒔絵・陶芸・書など）、酒井田《さかいだ》柿右衛門《かきえもん》（陶芸）
- **絵画** 俵屋宗達

『舟橋《ふなばし》蒔絵《まきえ》硯箱《すずりばこ》』

硯や筆を収める箱で、本阿弥光悦の蒔絵。盛り上がった蓋に和歌が記されている。

出典：ColBase「舟橋蒔絵硯箱」東京国立博物館所蔵

元禄文化

- **時期** 江戸時代中期（17世紀後半～18世紀前半）
- **特徴** 明るく活気に満ちて、現実的
- **担い手** 上方の商人
- **文学** 井原西鶴、松尾芭蕉、近松門左《ちかまつもんざ》
- **絵画** 尾形光琳

『風神雷神図屏風《ふうじんらいじんずびょうぶ》』 出典：ColBase「風神雷神図屏風」東京国立博物館所蔵

俵屋宗達がえがいた『風神雷神図屏風』を尾形光琳が模写した作品。構図は大胆でシンプル。

化政文化

- **時期** 江戸時代後期（19世紀前半）
- **特徴** 「粋」を尊び、皮肉・批判的
- **担い手** 江戸の一般町人
- **文学** 十返舎一九《じっぺんしゃいっく》（➡P174）、山東京伝《さんとうきょうでん》（➡P172）、曲亭馬琴《きょくていばきん》（➡P176）
- **浮世絵** 東洲斎写楽《とうしゅうさいしゃらく》（➡P154）、喜多川歌麿《きたがわうたまろ》（➡P156）、葛飾北斎《かつしかほくさい》（➡P158）、歌川広重《うたがわひろしげ》（➡P160）

江戸の書店の店先

大衆向けの娯楽本を販売する書店では、浮世絵も扱っていた。

「今様見立士農工商之内商人」国立国会図書館所蔵

52 江戸時代の出版事情は？

なるほど！

本は高価だったので、**貸本屋で**レンタルするのが一般的だった！

日本には6世紀に印刷技術が伝わり、それ以降、木版《もくはん》印刷（木に直接文字や絵を彫って刷る印刷）によって経典などがつくられました。戦国時代末期にヨーロッパから活版《かっぱん》印刷（活字を組んだ版で刷る印刷）が輸入されましたが、日本には文字の種類が多く、当時は一字一字を続けて書く「続き字」が一般的だったので定着せず、木版印刷が主流となります。

江戸時代前期の出版は上方（京都・大坂一帯）が中心で、井原西鶴《いはらさいかく》や近松門左衛門《ちかまつもんざえもん》（➡P182）がベストセラーを出したことで発展。その後、江戸でも出版文化が確立し、**「草双紙《くさぞうし》」「仮名草子《かなぞうし》」「滑稽本《こっけいぼん》」など、多様なジャンルの本が出版されました**〔図1〕。

江戸時代の特徴の出版業の特徴は、**出版物の企画をする「版元」が、出版物を販売する「書店」を経営してい**たことです。版元は、作家に作品を依頼するだけでなく、文字を書く筆師《ふでし》や、絵を担当する絵師（浮世絵師）、版木を彫る彫師《ほりし》、印刷を担当する摺師《すりし》などを手配して本をつくり、書店で販売していたのです。

書店には、経典や学術書を扱う「**書物問屋《しょもつどんや》**」（書物屋）と、大衆向けの娯楽本を扱う「**地本問屋《じほんどんや》**」（絵草子屋）があり、地本問屋では浮世絵（錦絵《にしきえ》）も販売しました。当時、本はかなり高価だったので、**江戸の庶民は、「貸本屋」から借りるのが一般的**でした。貸本屋は大風呂敷に何冊も本を包んで背負い、得意先を回っていました〔図2〕。江戸の人たちはレンタルで読書を楽しんでいたのです。

多様なジャンルをレンタルで楽しむ

江戸時代のおもな本の種類〔図1〕

江戸時代後期、江戸では年間400点以上の本が出版され、娯楽的な本が多かった。

草双紙

絵入りの短編小説。子ども向けの赤本や、大人向けの黄表紙《きびょうし》などがある。代表的な作者は山東京伝《さんとうきょうでん》（➡P172）や恋川春町《こいかわはるまち》など。

仮名草子

女性や子ども向けにひらがなで書かれた小説、実用書、啓蒙《けいもう》書。室町時代の禅僧・一休《いっきゅう》の逸話を集めた『一休咄《いっきゅうばなし》』など。

滑稽本

庶民の生活や風俗を、会話を中心にした文章でおもしろおかしくえがいた小説。十返舎一《じっぺんしゃいっ》九《く》の『東海道中膝栗《とうかいどうちゅうひざくり》毛《げ》』（➡P174）など。

洒落本（しゃれぼん）

遊郭《ゆうかく》に取材して、遊女の生活を会話中心の文体でえがいた小説。代表的な作家に大田南畝《おおたなんぽ》（➡P170）や山東京伝など。

人情本

町人の恋愛や家族の愛情をえがいた小説。洒落本の後に発展し、女性に人気があった。為《ため》永春水《ながしゅんすい》の『春色梅児誉《しゅんしょくうめごよ》美《み》』など。

読本（よみほん）

草双紙よりも絵が少ない本格的な長編小説。上田秋成《うえだあきなり》の『雨月物語《うげつものがたり》』や、曲亭馬琴《きょくていばきん》の『南総《なんそう》里見八犬伝《さとみはっけんでん》』（➡P176）など。

得意先を回る貸本屋〔図2〕

貸本屋は大量の本を背負って、3～5日おきに、商家や遊女屋などを訪れた。貸本屋ひとりで、200人ほどの顧客がいて、顧客の趣味を熟知していたという。貸料は1冊16～24文《もん》（約320～480円）だった。

江戸の文化人 ❶

蔦《つた》屋《や》重《じゅう》三《ざぶ》郎《ろう》

（1750〜1797）

「箱入娘面屋人魚」国立国会図書館所蔵

1750 生 没 1797

近年、「江戸のメディア王」として注目される江戸出版業界の風雲児

蔦屋重三郎は、化政文化を代表する喜多川歌麿《きたがわうたまろ》や東洲斎写楽《とうしゅうさいしゃらく》らの浮世絵を手がけ、小説家の山東京伝《さんとうきょうでん》や曲亭馬琴《きょくていばきん》、十返舎一九《じっぺんしゃいっく》らの本を出すなど、**江戸の出版文化の黄金期を築いた人物**です。

重三郎は、1750年、9代将軍・徳川家重《とくがわいえしげ》の時代に遊郭《ゆうかく》・吉原〔➡P128〕で生まれました。7歳のとき両親が離婚すると、重三郎は吉原で商家「蔦屋」を営む喜多川家の養子になりました。**重三郎は多感な時期を吉原で過ごすことになった**のです。

重三郎が初めて店をもったのは、22歳のとき。**養父が吉原入口の五十間道《ごじっけんみち》で営む茶屋の店先で、小さな地本問屋《じほんどんや》（書店）「耕書堂《こうしょどう》」を開店**します。当初は貸本屋〔➡P142〕も兼業していました。その頃、吉原で遊ぶためのガイドブック『吉原細見《よしわらさいけん》』は、鱗形屋《うろこがたや》が独占出版していました。しかし、鱗形屋が別の版元の本を無断で複製して処罰されると、**重三郎は『吉原細見』の出版を許可されます**。重三郎が出版した蔦屋版の『吉原細見』は、見やすく使いやすいレイアウトを採用し、ページ数も抑えて価格を下げるなどの工夫を凝らしたため、大人気となりました〔図1〕。また、重三郎は、吉原の遊女たちを花に見立てた『一目千本《ひとめせんぼん》』を刊行し、評判を高めます。

こうして吉原で頭角を表した重三郎は、28歳のとき、**吉原大門《よしわらおおもん》の前に耕書堂を移して独立**〔図2〕。出版業に本格的に乗り出した重三郎は、順調に業績を伸ばしていったのです。

（➡P146へ続く）

吉原で頭角を表した蔦屋重三郎

重三郎が出版した『吉原細見』〔図1〕

重三郎は『吉原細見』をひとまわり大きなサイズに変更。店ごとに情報を整理し、吉原の地図と連動させるレイアウトにした。

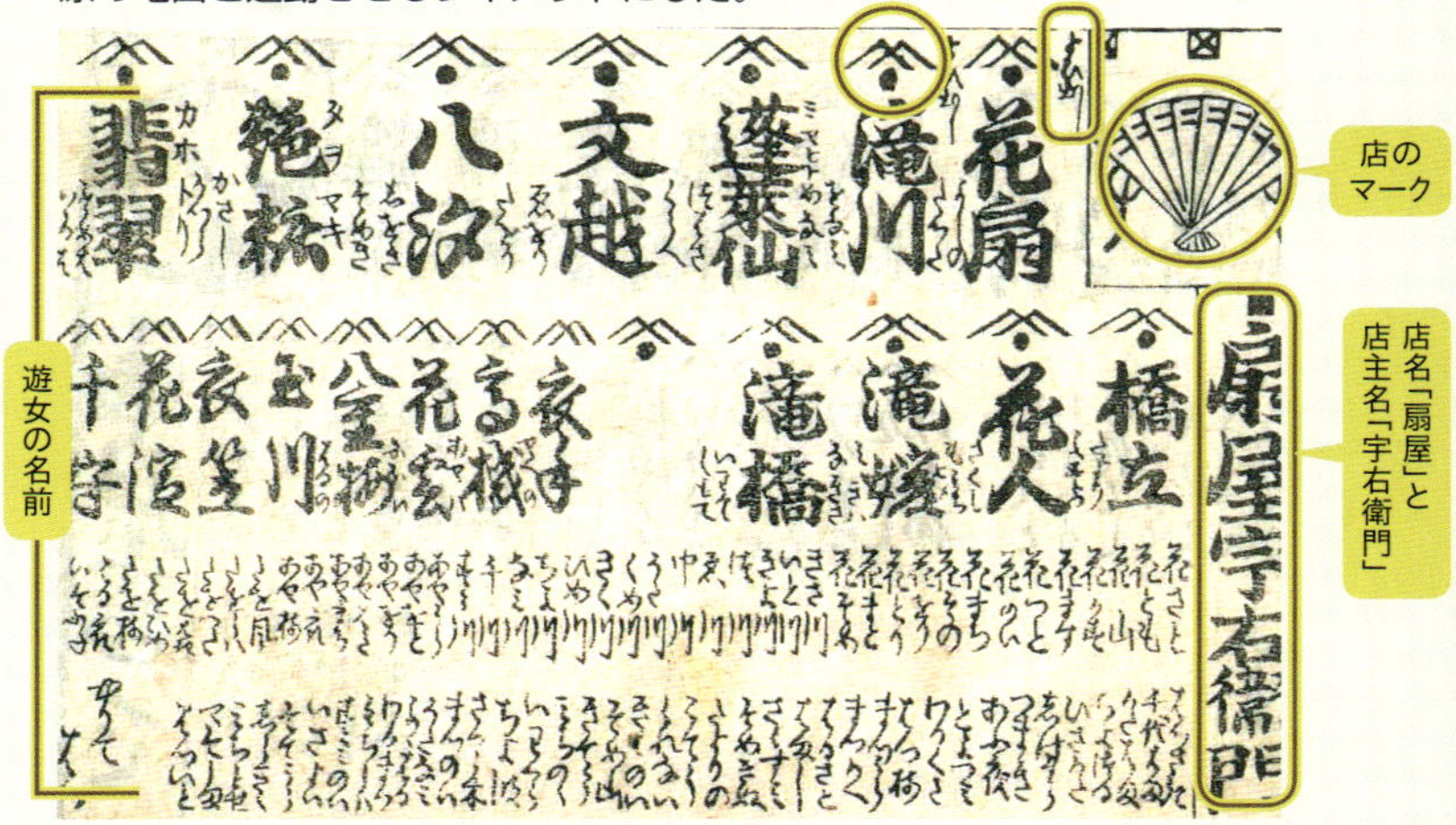
遊女のランクを示すマーク
「よひ出し」は、遊女の最高ランク「呼出し昼三《ちゅうさん》」のこと

吉原で生まれ育った重三郎は、自らのネットワークを駆使して、読者に必要な正確で細かい情報を掲載した。

「吉原細見」
国立国会図書館所蔵

江戸時代の書店〔図2〕

『吉原細見』や、草双紙（絵入りの小説）、浮世絵など、大衆向けの娯楽本を扱う書店は地本問屋と呼ばれた。

吉原時代の重三郎の「耕書堂」の詳細は不明だが、『吉原細見』を求める客でにぎわっていたものと思われる。

狂歌絵本や黄表紙《きびょうし》を大ヒットさせ歌麿や写楽の浮世絵を売り出す

重三郎《じゅうざぶろう》は33歳のとき、老舗《しにせ》の地本問屋が建ち並ぶ**日本橋の通油町《とおりあぶらちょう》（中央区）に耕書堂《こうしょどう》の新店舗を開業**します〔図3〕。当時、江戸は狂歌ブームでした。狂歌とは、和歌の形式を借りて洒落《しゃれ》や滑稽《こっけい》、風刺などを織りこんだ短歌のことで、和歌のパロディみたいなものです。重三郎は、「蔦唐丸《つたのからまる》」という名で狂歌師として活動して有名狂歌師たちと親しくなると**歌会イベントを主催して、そこで詠まれた狂歌を出版し、狂歌ブームの牽引役となりました**。さらに重三郎は、狂歌に絵を加えた「狂歌絵本」というジャンルを大々的に出版し、**喜多川歌麿《きたがわうたまろ》や葛飾北斎《かつしかほくさい》などの若手絵師を積極的に起用**しました〔図4〕。

重三郎は黄表紙（大人向けの挿絵入り小説）の出版に力を入れ、大田南畝《おおたなんぽ》〔➡P170〕や山東京伝《さんとうきょうでん》〔➡P172〕の作品を出版。曲亭馬琴《きょくていばきん》〔➡P176〕や十返舎一九《じっぺんしゃいっく》〔➡P174〕を新人作家として発掘します。大ヒットを連発する重三郎は、出版界の寵児《ちょうじ》となりました。

しかし1787年、幕府の老中・松平定信《まつだいらさだのぶ》が寛政《かんせい》の改革を開始し、社会を厳しく統制します。庶民の不満が高まるなか、重三郎は定信の改革を揶揄《やゆ》する黄表紙を次々と出版。**重三郎は「風紀を乱した」と罪に問われ、財産の半分を没収されました**。

重三郎が起死回生の一手として選んだのが、浮世絵の出版でした。重三郎が大々的に売り出したのは、喜多川歌麿の美人画と、東洲斎写楽《とうしゅうさいしゃらく》の役者絵でした。**重三郎がふたりにえがかせたのは、迫力満点の「大《おお》首絵《くびえ》」（上半身のクローズアップ）**。ふたりの斬新な浮世絵は、日本美術史に残る傑作となりました。

しかし46歳のとき、重三郎は脚気《かっけ》（ビタミンB_1欠乏症）を患って倒れ、翌年、亡くなりました。

ベストセラーを連発した敏腕プロデューサー

通油町の耕書堂〔図3〕

重三郎は、吉原に耕書堂を開業してわずか10年で、日本一の繁華街で高級店が建ち並ぶ日本橋にも新店舗を開いた。

葛飾北斎が江戸の名所としてえがいた耕書堂。重三郎死後の様子と考えられる。

「画本東都遊」国立国会図書館所蔵

重三郎が出版した「狂歌絵本」〔図4〕

重三郎は「狂歌絵本」の絵師に喜多川歌麿を起用して出版し、大ヒットさせた。

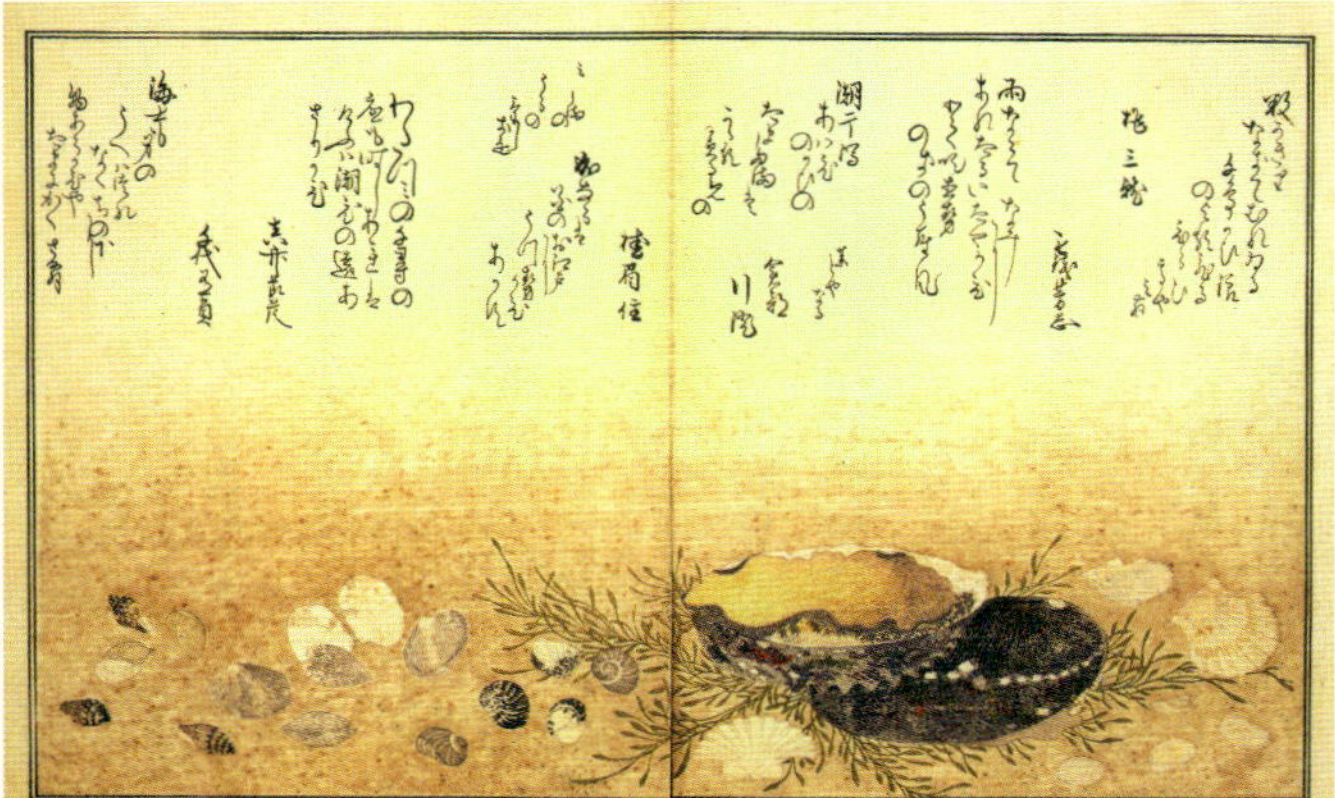

歌麿がえがいた海辺の貝の絵に狂歌が記されており、歌麿の優れた描写力がうかがえる。

「潮干のつと」
国立国会図書館所蔵

Q 浮世絵は最初に何枚摺《す》っていた?

100枚 or 200枚 or 300枚

「浮世絵」とは、江戸時代初期に成立した絵画のジャンルで、来世(死語の世界)ではなく、**浮世(現実の世界)の生活に関するテーマをえがくもの**でした。

浮世絵には、絵師が筆で直接えがいた「肉筆画《にくひつが》」と、彫った板で印刷した「木版画《もくはんが》」がありますが、庶民が買えるのは安価な木版画でした。

当初、浮世絵は「墨摺絵《すみずりえ》」

と呼ばれる墨一色で摺られた木版画で、おもに本の挿絵に使われていましたが、「見返り美人図」で知られる**菱川師《ひしかわもろ》宣《のぶ》**〔➡P183〕**は、浮世絵を鑑賞用の一枚絵として独立させ、低価格で売り出しました。**江戸時代中期になると、鈴木春《すずきはる》信《のぶ》〔➡P152〕は多色摺りの木版画「錦絵《にしきえ》」を開発し、錦絵の技術を活用して美人画を数多くえがき、大人気となります。以後、一般的に**浮世絵といえば錦絵を指すようになりました。**

浮世絵は、「版元」が企画から販売までを手がけます。

版元は、出版社と書店を兼ねたような存在で、原画をえがく「**浮世絵師**」や、版木に絵を彫る「**彫師《ほりし》**」、版木から紙に摺る「**摺師《すりし》**」などに制作を依頼します。摺師が「見本摺」を完成させると、版元と絵師がチェックし、合格となれば、商品となる「本摺《ほんずり》」の制作が始まります。最初に刊行される本摺（初摺《しょずり》）の枚数は200枚。これが正解です。作品がヒットすれば、摺り増しされます。これを「後摺《あとずり》」と呼びますが、後摺は絵師のチェックがなく、色使いも摺師に任されるため、色味が変わることもありました。

浮世絵ができるまで

浮世絵は分業によって制作された。

1 浮世絵師

浮世絵の原画をえがく。

2 彫師

原画を裏返して版木を彫る。使う色の数だけ版木が必要になる。

3 摺師

色がずれないように、1枚の紙にいくつもの色を重ねて摺る。

53 妖怪ブームが絵師に影響を与えた？

なるほど！

大都会・江戸で妖怪がブームに。妖怪をえがいた作品も人気に！

日本では古くから妖怪が信じられ、天変地異や疫《えき》病《びょう》などを生み出す存在として恐れられてきました。江戸時代になっても、農村や漁村で暮らす人たちの多くは自然の脅威をリアルに感じ、妖怪の存在を信じていました。しかし、江戸のような大都市で暮らす人たちは、**自然をあまり恐れなくなり、妖怪の存在を信じなくなっていきました**。

ところが江戸の人たちは、妖怪を遠ざけるのではなく、フィクションとして楽しむようになり、**キャラクター化された妖怪たちは、浮世絵や芝居、落語などの題材として使われました**〔図1〕。特に人気があったのは、黄表紙《きびょうし》（大人向けの挿絵入り小説）に登場する滑稽《こっけい》な妖怪たちでした。こうして江戸時代中期、江戸で妖怪の大ブームが起きたのです。その後、娯楽に強い刺激が求められるようになると怪談が流行し、妖怪は人間を恐怖におとしいれる存在としてえがかれました。

江戸時代後期、天保《てんぽう》の改革が始まると、江戸の人たちの暮らしは厳しく統制され、美人画や役者絵も禁止されます。そんなとき、**歌川国芳《うたがわくによし》**〔→P164〕**は幕府に弾圧された町人たちを妖怪に見立てた浮世絵を発表し、大評判になります**〔図2〕。これをきっかけに、幕府を批判する妖怪風刺画が次々と発表されました。幕末には、「化け物双六《すごろく》」「お化けかるた」などの子ども向けの玩具《がんぐ》に、ユーモラスな妖怪がえがかれ、人気となりました。

ユーモラスな妖怪たちが大人気に

キャラクター化した妖怪たち〔図1〕

江戸時代の浮世絵などにえがかれる妖怪たちは、恐ろしくもユーモラスな姿をしているのが特徴。

雷神と河童

両国橋のたもとに落ちた雷神を河童が川にひきこもうとしている。

「江戸名所道戯尽
二　両国の夕立」
国立国会図書館所蔵

海坊主

「東海道五十三対　桑名」
国立国会図書館所蔵

船乗りが、海に住む巨大な妖怪・海坊主に遭遇した場面。

琵琶牧々《びわぼくぼく》

琵琶の付喪神《つくもがみ》（道具に霊魂が宿って妖怪化したもの）。琴の付喪神「琴《こと》古主《ふるぬし》」を引っ張っている。

「百鬼夜行絵巻」国立国会図書館所蔵

幕府を批判した「妖怪風刺画」〔図2〕

源頼光《みなもとのよりみつ》が妖怪・土《つち》蜘蛛《ぐも》を退治する場面。病床の頼光は将軍・徳川家慶《とくがわいえよし》で、そっぽを向いた卜《うら》部《べ》季武《すえたけ》が、改革を主導する水野忠邦《みずのただくに》を表し、妖怪たちは弾圧された庶民を表すとされる。

この浮世絵は風刺画として大人気となり、幕府の弾圧を恐れた版元は自主回収をしたという。

「源頼光公館土蜘作妖怪圖」国立国会図書館所蔵

鈴《すず》木《き》春《はる》信《のぶ》

(1725?〜1770)

彫師《ほりし》や摺師《すりし》らと技術開発を行って多色摺り木版画「錦絵《にしきえ》」を始める

鈴木春信は、多色摺りの木版画浮世絵「錦絵」〔P149〕**の成立に中心的な役割を果たした浮世絵師**です。

春信の生涯には謎が多く、詳細な伝記は不明ですが、京都で絵を学んだ後、江戸の神田白壁町《かんだしらかべまち》（千代田区）に住居を構え、1760年頃から浮世絵師として活動を開始したと伝えられます。

錦絵ができる前、春信は「**紅摺絵《べにずりえ》**」で浮世絵を制作していました。紅摺絵とは、墨一色の墨摺絵《すみずりえ》に紅色や緑色などの色版を重ねる技法のこと。春信は紅摺絵で繊細な美人画を制作し、注目を集めるようになります。そして1765年、**春信は彫師や摺師らと協力して技術を開発し、複雑な色を自由に使える多色摺り木版画「錦絵」を始めました**。その後、亡くなるまでの5年間、春信は情緒あふれる美人画を多くえがき、約1000点の浮世絵を残します。春信が創り出した錦絵は、その後、浮世絵の発展に決定的な影響を与えました。

春信がえがく若い女性は、目が細く、眉がつり上がり、口が小さいのが特徴です。体格は小柄で細く、胸や腰のふくらみは強調されず、手は極端に小さくえがかれます。若い男性も、若い女性たちと同様にえがかれ、男女の区別をあまりつけないことも特徴です。春信の美人画には遊女が多くえがかれていますが、**水茶屋《みずぢゃや》の看板娘・笠森《かさもり》お仙《せん》**〔P70〕**や楊枝屋《ようじや》「本柳屋《もとやなぎや》」の娘・お藤《ふじ》など、美人として知られた町人の娘もえがいています**〔左図〕。

錦絵を完成させて浮世絵を革新する

春信のえがく華奢《きゃしゃ》で繊細な美人たち

春信の美人画の女性たちは、少女のように華奢で無邪気にえがかれる。

風俗四季哥仙《ふうぞくしきかせん》・菊月《きくづき》

「菊の節句」といわれた9月9日の「重陽《ちょうよう》の節句」の儀式の準備をする男性を、女性が袖《そで》をつかんで引き留めている場面。男性と女性は髪型や衣装でしか区別がつかない。ふたりをのぞいているのは女性。画面に第三者をえがきこむのも春信の特徴。

出典：ColBase「風俗四季哥仙・菊月」東京国立博物館所蔵

雨夜《あまよ》の宮詣《みやもうで》

水茶屋の看板娘・笠森お仙が風雨の中で宮詣をする場面。平安時代の歌人・紀貫之《きのつらゆき》が蟻《あり》通明神《とおしみょうじん》に和歌を捧げて風雨の難を逃れた故事をふまえている。着物の紫色など、中間色が巧みに使われている。

出典：ColBase「雨夜の宮詣（見立蟻通図）」東京国立博物館所蔵

江戸の文化人③

東洲斎写楽《とうしゅうさいしゃらく》

(1763?〜1820?)

1763? 生
没 1820?

蔦屋重三郎《つたやじゅうざぶろう》のプロデュースによる衝撃のデビュー作が伝説の浮世絵に

迫力満点の役者絵が世界的に評価される東洲斎写楽。**わずか10か月間に約140点の浮世絵を残し、忽然と姿を消した謎の浮世絵師**です。写楽が誰であるのか、いまだに正確にわかっていません。

写楽がデビューしたのは1794年5月。まったく無名の新人絵師でした。**写楽をプロデュースしたのは、蔦屋重三郎**〔➡P144〕。重三郎が写楽にえがかせたのは、**歌舞伎役者の顔と上半身を大きくえがいた28枚の「大首絵《おおくびえ》」**でした。しかも、これらはすべて大判で、背景は高価な「雲母摺《きらず》り」（細かく砕いた*雲母《うんも》を混ぜる摺り方）という異例づくし。また、当時の役者絵は顔を美化してえがくのが常識でしたが、**写楽は役者の顔の特徴をリアルに大胆に表現した**のです。モデルとなった役者の多くは、若手や脇役などでした。重三郎のねらいどおり、写楽のデビュー作は、江戸の人たちに衝撃を与えたといいます。現在、一般的に**写楽の作品として知られているのは、すべてデビュー作**なのです〔左図〕。

しかし、デビューから2か月後、写楽は38枚の作品を発表したのですが、大首絵は1点もなくなり、すべてが全身像になっていました。その3か月後に出されたシリーズ64枚は、人気役者が背景とともに伝統的な手法でえがかれました。そして、翌年1月に発表された12枚は品質が低く、明らかな間違いも多くなっています。これを最後に、**写楽の浮世絵は姿を消してしまった**のです。

*鉱物の一種で、粉末は光を反射する。

大胆な構図と表情豊かな表現

役者の特徴をとらえた「大首絵」

写楽は目や眉、口の表情を的確にえがき、役者の個性を表現した。

三代目《さんだいめ》大谷鬼次《おおたにおにじ》の江戸兵衛《えどべえ》

金を奪おうとする江戸兵衛を演じる大谷鬼次をえがいた作品。手の動きは不自然だが、殺気が巧みに表現されている。

出典：ColBase「三代目大谷鬼次の江戸兵衛」東京国立博物館所蔵

出典：ColBase「市川鰕蔵の竹村定之進」東京国立博物館所蔵

市川鰕蔵《いちかわえびぞう》の竹村定之進《たけむらさだのしん》

竹村定之進は、娘の不義の責任を取って切腹する役柄。市川鰕蔵は５代目市川團十郎のことで、名優と評価された。役者の堂々たる風格が伝わる写楽の最高傑作のひとつ。

写楽の正体は大名お抱えの能役者？

写楽の正体は、徳島藩（現在の徳島県）の藩主・蜂須《はちす》賀《か》家お抱えの能役者・斎藤《さいとう》十郎兵衛《じゅうろべえ》（1763〜1820）だったという説が有力。十郎兵衛が町人の娯楽に協力していたことが表沙汰になると、蜂須賀家の名声を汚すことになるので、正体を隠し続けて突如引退したとされるが、それを裏づける証拠は見つかっていない。

喜《き》多《た》川《がわ》歌《うた》麿《まろ》

（1753～1806）

出典：ColBase「高名美人見たて忠臣蔵・十一だんめ」（部分）東京国立博物館所蔵

蔦屋重三郎《つたやじゅうざぶろう》のもとで美人大首絵《びじんおおくびえ》をえがいて美人画の第一人者となる

喜多川歌麿は、**蔦屋重三郎〔➡P144〕に才能を見出され、官能的な美人画を数多くえがいた浮世絵師**です。出身地については諸説ありますが、江戸に出て幼い頃から絵の修業をし、18歳頃から絵師として働き始めました。29歳のとき、重三郎が出版した黄表紙《きびょうし》で挿絵を担当し、まもなく重三郎の家に居候《いそうろう》するようになりました。36歳からは、重三郎が**出版する狂歌絵本〔➡P146〕に花鳥画（花や鳥、虫などをえがく日本画）**をえがきます。

その後、幕府に財産を没収された重三郎が浮世絵に力を入れるようになると、歌麿は美人画の制作を依頼されます。歌麿のえがいた**「婦女人相十品《ふじょにんそうじっぽん》」「婦《ふ》人相学十躰《じんそうがくじったい》」などの「美人大首絵」（女性の上半身像）のシリーズは大評判**になります。歌麿の美人大首絵の特徴は、女性を際立たせるため背景を省略し、色数を抑えて女性の口紅や下着を強調するもの。歌麿は女性の一瞬の表情やしぐさをとらえ、女性の内面をえがき出しました。また、**肌の柔らかさや肌理《きめ》の細かさを薄い肌色でえがくことで、女性たちを官能的・写実的に表現しました。**さらに歌麿は、美人として知られた「難波屋《なにわや》」おきた、「高島屋《たかしまや》」おひさなど、水茶屋《みずぢゃや》〔➡P70〕の看板娘をモデルにえがきます〔左図〕。歌麿は美人画の頂点を極めますが、幕府から風紀を乱す存在として目をつけられ、たびたび制限を加えられます。52歳のとき、ついに幕府から処罰を受け、2年後、失意のうちに亡くなりました。

女性が官能的にえがかれた美人大首絵

女性の美しさを表現した歌麿

歌麿は、女性のちょっとした表情やしぐさをとらえ、女性の色気を表現した。

出典：ColBase「婦女人相十品・ポッピンを吹く娘」東京国立博物館所蔵

婦女人相十品《ふじょにんそうじっぽん》・ポッピンを吹《ふ》く娘《むすめ》

赤い市松模様の着物の町娘が、ガラス製の音が鳴る玩具《がんぐ》「ポッピン」を吹いている場面。女性に近づいていると錯覚するような構図で、見る者を引きこもうとする。

出典：ColBase「江戸三美人・富本豊雛、難波屋おきた、高しまおひさ」東京国立博物館所蔵

江《え》戸《ど》三《さん》美《び》人《じん》

当時、江戸三美人（寛政《かんせい》の三美人）として人気があった水茶屋の娘・難波屋おきたと高島屋おひさ、芸者の富本豊雛《とみもととよひな》をえがいた作品。顔の輪郭《りんかく》や眉・目尻の角度などが細かくかき分けられている。

葛《かつ》飾《しか》北《ほく》斎《さい》

（1760～1849）

「肖像」国立国会図書館所蔵

ヨーロッパの画家に多大な影響を与え、『富嶽三十六景《ふがくさんじゅうろっけい》』を描いた天才絵師

葛飾北斎は、数多くの傑作を残し、モネやゴッホなど西洋の画家にも大きな影響を与えた浮世絵師です。江戸の本所（墨田区）に生まれ、10歳頃に鉄蔵と名乗りました。**「北斎」は一時の画号（本名以外の画家としての別名）**で、**生涯に30回ほど画号を変えました**。20歳のとき、浮世絵師・勝川春章《かつかわしゅんしょう》の弟子となって「勝川春朗《かつかわしゅんろう》」と名乗り、およそ15年間、勝川派の絵師として活動します。この時期、**蔦屋重三郎《つたやじゅうざぶろう》**〔↓P144〕**に才能を認められ、黄表紙《きびょうし》や狂歌絵本の挿絵を担当**しました。

その後、勝川派から独立し、琳派《りんぱ》〔↓P140〕の画風などを学び、39歳のときに「北斎」と名乗りました。北斎は重三郎の死後、耕書堂《こうしょどう》が出版する狂歌絵本の挿絵をえがきます。また、読本《よみほん》（長編小説）の挿絵を精力的に制作。なかでも曲亭馬琴《きょくていばきん》〔↓P176〕と組んだ『新編水滸画伝《しんぺんすいこがでん》』や『椿説弓張月《ちんせつゆみはりづき》』は、北斎の代表作となっています。

50歳を過ぎると、北斎は約２００人に及んだ弟子のために**「絵手本」（絵の教科書）の制作に情熱を注ぎ、デッサン集『北斎漫画《ほくさいまんが》』を出版**します。その後も意欲的に制作を続け、**代表作『富嶽三十六景』が発表されたのは、72歳**。この作品で北斎は、浮世絵に風景画という新しいジャンルを確立しました〔左図〕。北斎は死の直前まで絵をかき続け、「**あと10年、いや5年の寿命があれば本物の絵描きになれるのに**」という言葉を残して、90歳で亡くなりました。

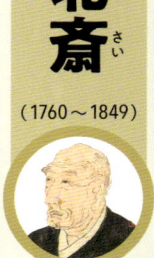

大胆な構図と奇抜な遠近法

世界的な名作『冨嶽三十六景』

富士山を題材にした浮世絵で、北斎の代表作といえる『冨嶽三十六景』は、全46枚で72歳の頃にえがかれた。

出典：ColBase「冨嶽三十六景・神奈川沖浪裏」東京国立博物館所蔵

冨嶽三十六景《ふがくさんじゅうろっけい》
神奈川沖浪裏《かながわおきなみうら》

大きな波が印象的にえがかれ、手前には今にも波に飲まれそうな船が見える。波の向こう側にそびえる富士山が遠近感をつくり出している。

世界的名作はごみ屋敷で生まれた？

北斎は片づけが苦手で、部屋にごみがたまると引越しをした。引越しの回数は生涯に93回。この絵は、晩年の北斎が娘の応為《おうい》と暮らす様子をえがいたもの。

「北斎仮宅之図」国立国会図書館所蔵

冨嶽三十六景《ふがくさんじゅうろっけい》　凱風快晴《がいふうかいせい》

出典：ColBase「冨嶽三十六景・凱風快晴」東京国立博物館所蔵

「凱風」とは、南から吹くおだやかな風のこと。晴天のもと、赤い山肌を見せる雄大な富士山が表現されている。

歌川広重《うたがわひろしげ》

（1797～1858）

「肖像」国立国会図書館所蔵

江戸や東海道の名所をえがいて風景画のジャンルを確立させる

『東海道五十三次《とうかいどうごじゅうさんつぎ》』など、浮世絵の風景画を数多く残したのが歌川広重です。広重は、蔦屋重三郎《つたやじゅうざぶろう》が亡くなった年に、江戸の定火消《じょうびけし》〔➡P43〕同心《どうしん》（下級役人）の子として生まれました。幼い頃から絵が好きでしたが、13歳のときに両親が相次いで亡くなり、家職を継ぐことになりました。それでも広重は副業として絵をかき続け、15歳頃に浮世絵師・歌川豊広《うたがわとよひろ》の弟子となります。その後は、おもに風景画や花鳥画をえがき、**35歳のときに江戸の名所をえがいた『東都《とうと》名所《めいしょ》』が大ヒット**しました。

36歳のとき、身内に同心職をゆずって浮世絵師として独立した広重は、2年後、**東海道**〔➡P82〕**の宿場の景観をえがいた『東海道五十三次』を発表**〔左図〕。これが大人気シリーズとなります。当時、浮世絵といえば役者絵や美人画が中心でしたが、『東海道五十三次』や葛飾北斎《かつしかほくさい》の『富嶽三十六景《ふがくさんじゅうろっけい》』がヒットしたことで、**風景画は浮世絵のメジャーなジャンルになります**。その後も広重は『江戸名所百景《えどめいしょひゃっけい》』など、数多くの名所シリーズをえがきました。

広重の作品は、大胆な構図や旅情あふれる表現のほかに、**「ヒロシゲブルー」と呼ばれる鮮やかな青色が特徴**。この青色は、ヨーロッパから輸入された「ベロ藍《あい》」と呼ばれる青色絵具を使っています。広重より前に、日本の風景画で空が青色で表現されることはありませんでした。このため、**広重は青空を発見した画家**ともいえるのです。

宿場を行き交う旅人を情緒的にえがく

旅へと誘《いざな》う『東海道五十三次』

『東海道五十三次』には旅人がえがきこまれ、旅行気分をかきたてた。広重の風景画はヨーロッパの画家に多大な影響を与えた。

出典：ColBase「東海道五拾三次之内・庄野 白雨」東京国立博物館所蔵

東海道《とうかいどう》五十三次《ごじゅうさんつぎ》之内《のうち》・庄野《しょうの》 白雨《はくう》

激しい白雨《はくう》（夕立）のなか、駕籠《かご》かきは坂を登り、旅人は坂を駆け下りている。雨の表現が秀逸で、東海道五十三次の最高傑作のひとつ。

存在しない風景がえがかれている？

『東海道五十三次』には、存在していない風景がえがかれている。しかし、スケッチが残る日記帳もあり、取材した場所があることも確か。現地に行けなかった場所は、資料を元にしてえがいたという説がある。

「東海道五拾三次 大尾 京師・三條大橋」国立国会図書館所蔵

当時、京都の三条大橋は木造ではなく石造りだった。

東海道《とうかいどう》五十三次《ごじゅうさんつぎ》之内《のうち》・沼津《ぬまづ》 黄昏図《たそがれず》

男が担ぐ天狗の面は金刀比羅宮《ことひらぐう》（香川県）への奉納品。その前のふたり連れは尼と従者。黄昏時《たそがれどき》の紺色の空が、ヒロシゲブルーで印象的に表現されている。

出典：ColBase「東海道五拾三次之内・沼津 黄昏圖」東京国立博物館所蔵

酒井抱一《さかいほういつ》

（1761〜1828）

「肖像集」国立国会図書館所蔵

装飾的な琳派《りんぱ》の伝統を守りながら洗練された江戸文化を取り入れる

華麗で装飾的な琳派〔➡P140〕**を江戸で発展させた絵師が、酒井抱一**です。抱一は、老中・大老（幕府の最高職）に任命される家柄である姫路藩（現在の兵庫県）藩主の孫として、江戸で生まれました。酒井家には芸術を愛好する伝統があり、抱一も俳諧《はいかい》（俳句）や狂歌、狩野派（日本画の一流派）、浮世絵などを学びました。また抱一は頻繁に吉原に通い、大田《おおた》南畝《なんぽ》〔➡P170〕、山東京伝《さんとうきょうでん》〔➡P172〕らと交流し、**「尻焼《しりやけ》猿人《さるんど》」という名で蔦屋重三郎《つたやじゅうざぶろう》が出版する狂歌本に歌をのせていました。**

37歳のとき、藩主となっていた兄が亡くなると出家して僧侶となり、文化人として暮らすようになります。琳派の創始者である尾形光琳《おがたこうりん》にあこがれていた抱一は、55歳のとき、**江戸で光琳の百回忌法要や光琳作品の展覧会、図録の出版などを行い、琳派の後継者として認められます。**そして、実家の酒井家より、光琳作『風神雷神図屏風《ふうじんらいじんずびょうぶ》』〔➡P141〕の裏側に新しい作品をえがくように依頼されます。

琳派の特徴は、金地の背景に単純化した大胆なデザイン。これに対し抱一は、**背景を銀地にし、雨にぬれ、風にゆれる薄の葉や昼顔、百合《ゆり》、葛《くず》の葉などをえがきました。**この『**夏秋草図屏風《なつあきくさずびょうぶ》**』は、抱一の最高傑作として知られています。江戸の「粋《いき》」な文化を愛した抱一は、琳派の伝統を守りながらも、繊細で詩情豊かな感覚をただよわせる「**江戸琳派**」の創始者となったのです〔左図〕。

繊細で詩情豊かな江戸琳派を創始

江戸の精神を表現した抱一

洗練された江戸文化を愛する抱一は、江戸の風俗ではなく、感覚的世界を絵画に表現した。

出典：ColBase「夏秋草図屏風」東京国立博物館所蔵

夏《なつ》秋《あき》草《くさ》図《ず》屏風《びょうぶ》

右側の屏風には雨に打たれている夏草が、左側の屏風には秋風にたなびく秋草がえがかれている。抱一は、これまでの琳派と違い、張りつめた一瞬の感覚的世界を表現した。

出典：ColBase「四季花鳥図巻」（部分）東京国立博物館所蔵

四《し》季《き》花《か》鳥《ちょう》図《ず》巻《かん》

四季折々の花や鳥などをえがいた作品。琳派ではえがかれなかった昆虫も随所にえがかれており、自然を繊細に表現する抱一の意識が見てとれる。

江戸の文化人⑧

歌川《うた がわ》国芳《くに よし》

（1797～1861）

「肖像」国立国会図書館所蔵

迫力満点で変幻自在の画風。幕府に抵抗を続けた反骨の浮世絵師

奇想天外なアイデアを迫力ある浮世絵で表現し、「奇想の絵師」と呼ばれた歌川国芳は、1797年に江戸に生まれました。同じ年に、歌川《うたがわ》広重《ひろしげ》が生まれています。幼い頃から絵が得意で、15歳のとき、浮世絵師・歌川豊国《うたがわとよくに》に弟子入りしました。しかしその後、国芳はヒット作が出せず、不遇の時期が続きました。

転機となったのは、30歳頃。中国の長編小説『水《すい》滸伝《こでん》』の登場人物をダイナミックにえがいた武者絵シリーズが大ヒットします。以後、**国芳は「武者絵の国芳」としての評価を得ました**。山東京伝《さんとうきょうでん》〔➡P172〕の読本《よみほん》をテーマにした作品『**相馬《そうま》の古内裏《ふるだいり》**』は、まるで映画の一場面のような躍動感あふれる大胆な構図で、国芳の代表作とされています〔図1〕。

国芳は、武者絵だけでなく**風景画や美人画、役者絵、戯画《ぎが》（滑稽《こっけい》な絵）など、さまざまなジャンルの浮世絵をえがき、人気絵師として不動の地位を築きます**〔図2〕。しかし45歳のとき、老中・水野忠邦《みずのただくに》による天保《てんぽう》の改革が始まり、歌舞伎や小説、浮世絵などの娯楽産業が厳しく制限されてしまいました。幕府の理不尽な対応に怒った国芳は、忠邦の悪政に対する風刺画をえがきます〔➡P150〕。これにより、国芳は幕府から危険人物とみなされ、何度も奉行所に呼び出され、罰金を取られることもありました。**それでも国芳は風刺画をかき続けたため、江戸の人びとから拍手喝采を浴びた**のです。

奇想天外・変幻自在の国芳ワールド

▶迫力満点の武者絵〔図1〕

国芳は、大胆な構図と優れた描写力で、武者たちを迫力満点にえがき出した。

「相馬の古内裏」山口県立萩美術館・浦上記念館所蔵

相馬《そうま》の古内裏《ふるだいり》　武者と妖術使いの対決場面。骸骨の描写は正確で、西洋の解剖書を参考にしたと考えられている。

▶ユーモラスな戯画〔図2〕

国芳は笑い好きの江戸の人たちのために、ユーモラスな戯画を数多くえがいている。

出典：ColBase「金魚づくし・玉や玉や」東京国立博物館所蔵

金魚《きんぎょ》づくし・玉《たま》や玉《たま》や

金魚を擬人化して、「玉や玉や」の売り声で知られたシャボン玉売りとしてユーモラスに表現した戯画。

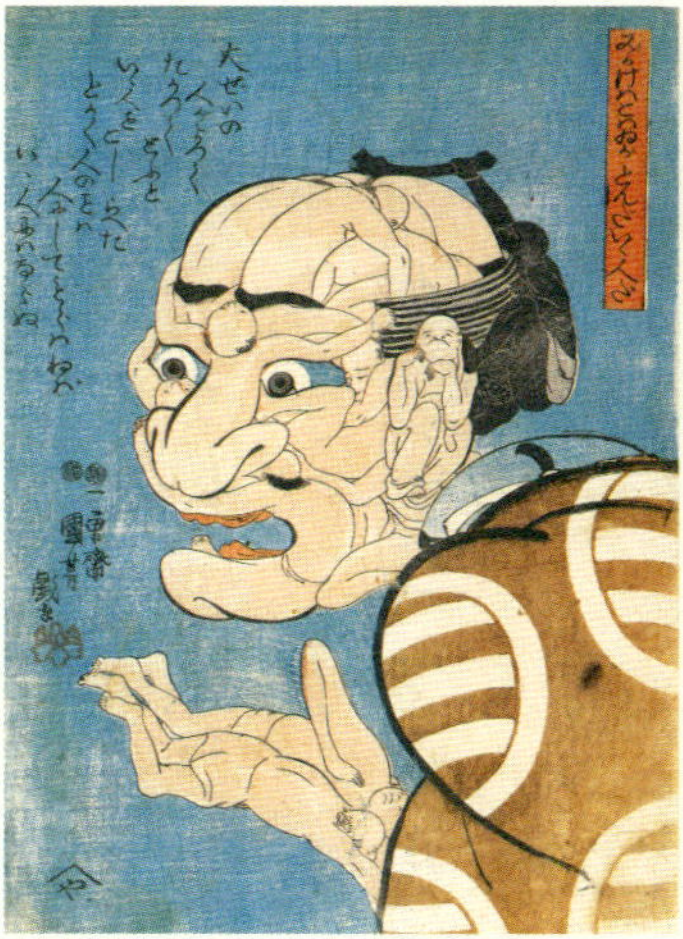

「みかけはこはゐがとんだいゝ人だ」山口県立萩美術館・浦上記念館所蔵

見《み》かけは怖《こわ》いがとんだいい人《ひと》だ

数人の裸の男性を組み合わせて、ひとりの人間の顔が表現されている。

54

江戸時代の新聞「瓦《かわら》版《ばん》」は違法だった？

なるほど！

情報統制を目指す幕府が、瓦版を原則禁止にしていた！

テレビや新聞などがなかった江戸時代の人たちは、どのようにしてニュースを知ったのでしょうか？

当時、**時事性の高いニュースを庶民に伝えたのは、「瓦版」（読売《よみうり》・絵草紙《えぞうし》）と呼ばれる粗末な一枚摺《ず》りの印刷物**でした。瓦版は、現在の新聞に近いものですが、毎日発行されるのではなく、大きな事件が起きたときにそのつど印刷され、街頭で販売されました。現存する最古の瓦版は、1615年の大坂夏の陣の速報です。

その後、**瓦版に掲載される記事は、火事や地震、火山の噴火などの災害関連が中心**になります。そのほか、心中事件や仇討ちなどのゴシップ関連も多く、神仏のご利益話や吉凶の予言なども扱われ、人魚などの未確認生物に関する記事もありました。

江戸時代初期の1684年、情報統制を目指す幕府は瓦版を全面的に禁止しましたが、基本的には黙認していました。ただ、**幕府の政治を批判する内容が書かれていた場合は厳しく取り締まりました**。そのため、瓦版売りは摘発を恐れて顔を隠していたそうです〔図1〕。瓦版の値段は3～4文《もん》（60～80円）。幕末の安政大地震の際には、地震の様子を伝える瓦版が大量に発行され、そのなかには、**「鯰絵《なまずえ》」と呼ばれる多色摺りの版画が含まれていました**。鯰絵とは、当時、地震の元凶とされた大鯰をえがいたもので、地震への恨みと復興への願望がこめられていました〔図2〕。

江戸の庶民にニュースを伝えた「瓦版」

江戸の瓦版売り〔図1〕

当時、「読売」と呼ばれた瓦版売りは、とんがり帽のような編笠《あみがさ》を深くかぶって顔を隠し、必ず2人1組で行動した。

読売のひとりは節をつけて記事の一部を読んで売り、もうひとりは見張り役を担当した。

瓦版と鯰絵〔図2〕

瓦版は墨一色の一枚摺りが基本だが、安政大地震（1855年）の際には、多色摺りの瓦版が出され、鯰絵も一緒に売られた。

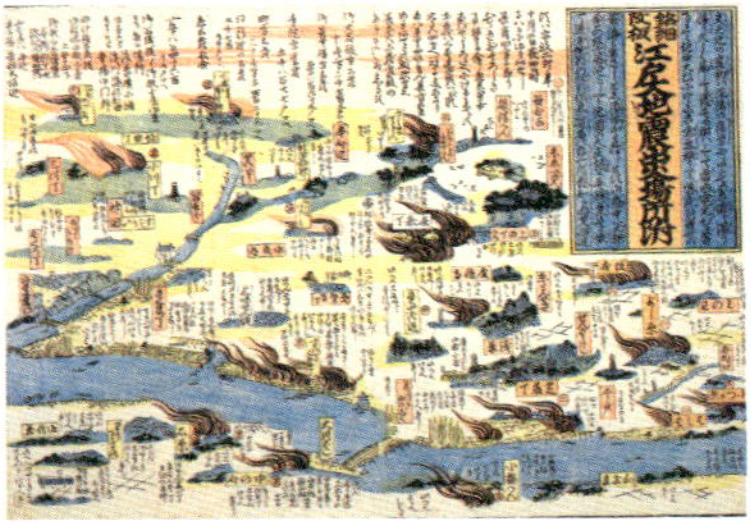

瓦版

安政大地震の被害状況を伝える内容で、火災の発生場所や被害状況などが記されている。

「銘細改板江戸大地震出火場所附」
国立国会図書館所蔵

鯰絵

鹿島大神宮（茨城県）の祭神・タケミカヅチが霊石「要石《かなめいし》」で押さえつけた大鯰を地震の被害者がこらしめている。

「鯰に御札を貼る要石」国立国会図書館所蔵

これは何の年中行事？

江戸の人たちは季節ごとに定例の行事を楽しんでいました。ここに紹介した絵は、何の行事でしょうか？今ではあまりやらない行事もあります。また、行事の月は*旧暦です。

Q1

ヒント

2月
(如月《きさらぎ》)

王子《おうじ》稲荷《いなり》（北区）に参拝する親子がえがかれています。江戸中の稲荷社で祭礼が行われました。

Q2

ヒント

4月 (卯月《うづき》)

男性がさばいている魚は鰹《かつお》です。女性はうっとりした表情で鰹をながめています。

Q3

ヒント

5月 (皐月《さつき》)

神田川と妙正寺川《みょうしょうじがわ》が合流する落合《おちあい》（新宿区）の風景です。女の子が何かをつかまえているようです。

＊1873（明治6）年より前に使われていた暦で、月の満ち欠けを基本としていた。

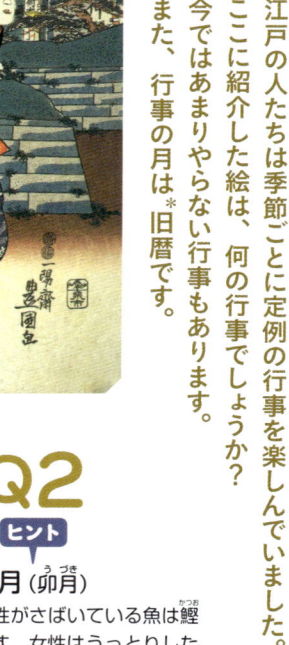

Q4

ヒント

6月（水無月《みなづき》）

茶屋でくつろぐふたりの女性の目の前に広がるのは上野の不忍池《しのばずのいけ》です。

Q6

ヒント

10月（神無月《かんなづき》）

母と娘が歩いているのは品川の海晏寺《かいあんじ》の境内《けいだい》です。絵にある何かを見る行事ですね。

Q5

ヒント

7月（文月《ふみづき》）

短冊や吹き流しを結びつけた笹が軒高くかかげられていますね。

Q7

ヒント

12月（師走《しわす》）

現在は2月に行われている行事です。この絵は、浅草寺《せんそうじ》の参拝者に向けて、お札を大団扇であおいでまいています。

答えは189ページ

大田南畝《おおたなんぽ》

（1749～1823）

「肖像」国立国会図書館所蔵

武士でありながら町人と一緒に狂歌ブームを江戸に巻き起こす

大田南畝は、江戸時代を代表する文学者です。**狂歌を読むときの名を「四方赤良《よものあから》」といい、「蜀山人《しょくさんじん》」の号（別名）でも知られています**。幕府の下級役人の子として生まれた南畝は、幼い頃から文学に優れ、15歳のときから国学（日本の古典研究〔➡P138〕）や漢詩、和歌、狂歌などを学び始めました。19歳のときには、作家・科学者の平賀源内《ひらがげんない》に認められ、狂歌や黄表紙《きびょうし》（大人向けの挿絵入り小説）、洒落本《しゃれぼん》（遊郭《ゆうかく》を舞台にした小説）など多方面で活躍します。

33歳のとき、蔦屋重三郎《つたやじゅうざぶろう》と知り合って親交を深め、重三郎のもとで黄表紙や狂歌絵本などを出版しました。**南畝が編集した『万載狂歌集《まんざいきょうかしゅう》』（『千載和歌集《せんざいわかしゅう》』のパロディ）は大ヒットし、江戸に狂歌ブームを起こします**〔図1〕。この時期は、南畝が中心となり、教養のある武士と町人が身分を超えて交流し、新しい文化をつくり上げていたのです〔図2〕。

ところが1787年、老中・松平定信《まつだいらさだのぶ》による寛政《かんせい》の改革が始まり社会の統制が厳しくなります。重三郎は処罰を受け、南畝も幕府から目をつけられるようになります。そのため**南畝は文筆活動から離れ、役人の仕事に集中するようになります**。人材登用試験に主席で合格した南畝は、出世を重ねました。

しかし、南畝の名声はおとろえることがなく、**改革の規制が緩和されると、南畝は文芸界に復帰**します。その後、江戸を代表する知識人として評価され続け、最晩年まで著作を出し続けました。

役人として勤めながら作家業をこなす

南畝の狂歌〔図1〕

南畝がブームを巻き起こした狂歌は、古典の名歌のパロディが多かった。このため、狂歌を楽しむには文芸的な教養が必要だった。

南畝の代表作

「世の中は色と酒とが敵《かたき》なり　どうぞ敵にめぐりあいたい」

訳 世の中は色事と酒が宿敵である。そんな敵にめぐりあいたい。

「世の中にたえて女のなかりせば　を(お)とこの心はのどけからまし」

訳 世の中にまったく女性がいなかったら、男性の心はのどかだろうに。

＊平安時代の歌人・在原業平《ありわらのなりひら》の名歌「世の中にたえて桜のなかりせば　春の心はのどけからまし」のパロディ。

「寝て待てど暮らせどさらに何事も　なきこそ人の果報なりけれ」

訳 寝て待って何事も起きない暮らしこそ幸運である。

＊「果報は寝て待て」に対する皮肉。

狂歌を楽しむ南畝たち〔図2〕

人気の狂歌師たちはグループを組織して活動していた。

四方赤良の名で狂歌を詠んでいた南畝は、蔦唐《つたのから》丸《まる》の名で活動する重三郎らと集まり、狂歌を楽しんでいた。

山《さん》東《とう》京《きょう》伝《でん》

（1761～1816）

「肖像」国立国会図書館所蔵

1761 生
没 1816

蔦屋重三郎《つたやじゅうざぶろう》とタッグを組んで洒落本《しゃれぼん》の第一人者として活躍する

山東京伝は、蔦屋重三郎とともに数々のヒット作を執筆した作家です。京伝が生まれ育ったのは、岡場所〔➡P132〕として栄えていた深川木場（江東区）でした。京伝は18歳のとき、黄表紙《きびょうし》（大人向けの挿絵入り小説）の挿絵画家としてデビュー。その後、黄表紙の作家として数々の作品を発表し、22歳のとき、**出版業界を舞台にした黄表紙『御存商売物《ごぞんじのしょうばいもの》』を刊行して大田南畝《おおたなんぽ》に絶賛されました。**

絵と執筆の両方で活躍する京伝は、重三郎からも認められます。京伝は重三郎のもとで、挿絵も自らが担当して作品集を刊行し、評判となります。その後も京伝は、重三郎と組んでヒット作を連発。さらに、**吉原での体験をもとに洒落本（遊郭《ゆうかく》を舞台にした小説）の執筆を開始。**27歳のときには**洒落本の最高傑作といわれる『通言総籬《つうげんそうまがき》』**を発表し、洒落本の第一人者としての評価を決定づけました〔図1〕。京伝は、吉原での遊び方だけでなく人情にも通じていたため、作品には人間的な温かさが満ちていました。

しかし寛政《かんせい》の改革が始まると、京伝の執筆した洒落本が出版統制に触れ、京伝は手鎖《てぐさり》*50日の刑に処されます。以後、**京伝は洒落本の執筆をやめて、銀座（中央区）に煙草入れの販売店を開業**します〔図2〕。その後、執筆意欲を回復した京伝は読本《よみほん》（長編小説）に進出しますが、かつて弟子のように接した曲亭馬琴《きょくていばきん》〔➡P176〕に及ばず、圧倒されてしまいます。晩年は、風俗考証に精力を傾けました。

*両手首に鎖をはめて、自宅で謹慎《きんしん》させる刑。

遊女の世界をリアルにえがく

吉原で遊ぶ京伝〔図1〕

酒落本は吉原などの遊郭を舞台にして、会話を中心に展開する絵入りの短編小説。吉原に足しげく通っていた京伝は、自らの経験をもとに洒落本を執筆した。

京伝は、吉原の遊女と結婚し、その妻が病死した後、再び吉原の遊女と結婚した。

京伝の煙草入れ屋〔図2〕

京伝には商才があり、自らがデザインした煙草入れは大人気のブランドとなった。

花魁・花扇
京伝
店の奥にいる京伝は吉原の名高い花魁《おいらん》・花扇《はなおうぎ》と話をしている

出典：ColBase「山東京伝の見世」東京国立博物館所蔵

江戸の文化人 11

十返舎一九《じっぺんしゃいっく》

（1765〜1831）

「肖像」国立国会図書館所蔵

弥次・喜多のふたりが全国を旅する『東海道中膝栗毛《とうかいどうちゅうひざくりげ》』が大ヒット

江戸時代を代表するベストセラー『東海道中膝栗毛』を執筆したのが、十返舎一九です。一九は駿河（現在の静岡県）で下級武士の子として生まれ、若くして江戸に出た後、大坂で商人の養子となり、町人社会で青年時代を過ごしました。その後、離婚して30歳で江戸に戻ると、**蔦屋重三郎《つたやじゅうざぶろう》の家の居候《いそうろう》となり、出版の仕事を手伝い始めます**。翌年、重三郎の勧めで黄表紙《きびょうし》（大人向けの挿絵入り小説）を書き始め、挿絵も担当しました。以後、黄表紙を中心にさまざまなジャンルの本を発表しました。

重三郎の死後、38歳のときに発表した滑稽《こっけい》本（会話中心の滑稽な小説）の『東海道中膝栗毛』が大ヒットします。**『東海道中膝栗毛』は、江戸の住人・弥次郎兵衛《やじろべえ》と喜多八《きたはち》が東海道を旅して京都に向かう話**で、ふたりが巻き起こす騒動や失敗談が滑稽にえがかれています。弥次・喜多のふたりが東海道以外に全国を旅する『膝栗毛』シリーズは、21年にわたって書き継がれ、続編を含めて20遍がつくられました。そして歌川広重《うたがわひろしげ》の『東海道五十三次《とうかいどうごじゅうさんつぎ》』との相乗効果によって、**江戸に空前の旅行ブームを巻き起こした**のです（図1）。

一九は、読者の好みをいち早くとらえ、あらゆるジャンルの本を執筆します。曲亭馬琴《きょくていばきん》（→P176）とともに、**原稿料だけで生活を立てた最初の職業作家になりました**（図2）。一九の作品は滑稽さが売りでしたが、実際は几帳面な性格だったそうです。

江戸に旅ブームを巻き起こした人気作家

『東海道中膝栗毛』の浮世絵〔図1〕

広重の『東海道五十三次』は、『東海道中膝栗毛』のヒットを受けて企画されたといわれる。広重の作品には『東海道中膝栗毛』の場面をえがいた浮世絵もある。

「膝栗毛道中雀 東海道浜松泊」山口県立萩美術館・浦上記念館所蔵

膝《ひざ》栗《くり》毛《げ》道中《どうちゅう》雀《すずめ》東海道《とうかいどう》浜松《はままつ》泊《どまり》

弥次郎兵衛と喜多八が、物干し竿に干された白い襦袢《じゅばん》（着物用の下着）を幽霊と見間違えた場面。

多忙を極める職業作家・一九〔図2〕

人気の職業作家となった一九は、あらゆるジャンルの作品を量産し、その数は580以上にのぼった。

多忙を極める一九のもとには、版元からの使いが訪れ、机のそばで原稿ができあがるのを待っていたという。

江戸の文化人⑫

曲《きょく》亭《てい》馬《ば》琴《きん》

（1767～1848）

「南総里見八犬伝」国立国会図書館所蔵

1767 生
1848 没

武士の身分を捨てて町人になり、日本初の職業作家として成功する

『南総里見八犬伝《なんそうさとみはっけんでん》』で知られる曲亭馬琴＊（**滝沢馬琴**）は、深川（江東区）の旗本・松平家の用人《ようにん》（執事）だった滝沢家の子として生まれました。9歳のとき父が亡くなり、兄が松平家を去ったため、10歳の馬琴が滝沢家を継ぎました。しかし、主君の暴虐に耐えかねた馬琴は、14歳のとき松平家から逃げだし、武士以外の生き方を模索します。

24歳のとき、山東京伝《さんとうきょうでん》〔➡P172〕を訪ねた馬琴は、温かく迎えられたことで、文学の道を志すようになります。26歳のとき、京伝の推薦によって**蔦屋重三郎《つたやじゅうざぶろう》の耕書堂《こうしょどう》で働き始めます。武士の身分を捨てて町人として生きる道を選んだのです。**

寛政《かんせい》の改革により、京伝や重三郎が幕府から処罰を受けた影響で、江戸では読本《よみほん》（大人向けの長編小説）が多く発行されるようになり、馬琴も30歳のときに読本の初作品として『高尾船字文《たかおせんじもん》』を書きます。その後、実在の歴史人物や中国の古典などをもとにした長編小説『椿説弓張月《ちんせつゆみはりづき》』や『南総里見八犬伝』などで読本作家の第一人者となり、**原稿料だけで生計を立てる最初の職業作家になりました**〔図1〕。

馬琴の作品の特徴は、歴史や古典などをもとにしながら、豊かな発想と想像力でえがく雄大なストーリーです。また、勧善懲悪《かんぜんちょうあく》（善を勧《すす》め、悪を懲《こ》らしめる）を徹底したことで、幅広い読者の人気を集めます。**晩年、馬琴は失明しますが、口述筆記により82歳で亡くなるまで執筆を続けました**〔図2〕。

＊滝沢馬琴は明治時代に広まった呼称。

執念で書き上げた大作『南総里見八犬伝』

驚異のロングセラー『南総里見八犬伝』〔図1〕

馬琴が48歳のときに刊行が始まった『南総里見八犬伝』は、室町時代を舞台に、里見家を復興させるために8人の剣士（八犬士）が活躍する長編小説。完成までに28年の歳月がかかった。歌舞伎として上演され、浮世絵が数多く制作された。

「八犬伝之内芳流閣」山口県立萩美術館・浦上記念館所蔵

八犬伝《はっけんでん》之《の》内芳流閣《うちほうりゅうかく》
八犬士のひとりで、幼少時に女装して育った犬塚信乃《いぬづかしの》が、屋根の上で捕吏たちと戦っている。『南総里見八犬伝』屈指の名場面で、歌川国《うたがわくに》芳《よし》（➡P164）の作品。

口述筆記中の馬琴〔図2〕

『南総里見八犬伝』の執筆中、馬琴のひとり息子が亡くなり、馬琴自身も失明したため、息子の嫁・お路《みち》に口述筆記をさせながら完成させた。

馬琴は、字が読めなかったお路に字を教えながら口述筆記をさせた。

55 江戸の最大の娯楽は歌舞伎芝居？

なるほど！

17世紀後半に歌舞伎が確立。観客は1日がかりで楽しんだ！

江戸の人たちにとって、最大の娯楽が歌舞伎芝居でした。歌舞伎は江戸時代初期に、出雲阿国《いずものおくに》という女性が京都で始めた「かぶき踊り」が発祥とされます。阿国の人気に便乗して、遊女たちが客寄せのためにかぶき踊りをする「女歌舞伎」が全国に広まりました。しかし、風紀の乱れを理由に遊女歌舞伎は幕府から禁止されます。その後、少年が役者を演じる「若衆《わかしゅ》歌舞伎」が盛んになりますが、少年たちも売春の対象とされたため、禁止されました。そして1653年頃から、**成人男性だけが演じる「野郎《やろう》歌舞伎」が確立。男性が女性役を演じる「女方《おんながた》」（女形《おんながた》）も誕生し、現在の歌舞伎へと発展していきます。**

当初は複数あった江戸の芝居小屋はしだいに整理され、**1714年、幕府から興行権を与えられた芝居小屋は堺町《さかいちょう》の中村座、葺屋町《ふきやちょう》の市村座、木挽町《こびきちょう》の森田座だけになります。**この「江戸三座」は日本橋周辺にありましたが、江戸時代後期の天保《てんぽう》の改革で浅草寺《せんそうじ》裏の猿若町《さるわかちょう》（台東区）に移転させられます。**交通は不便でしたが、三座が集まったことで猿若町は芝居の町として大繁盛しました**〔図1〕。

火事の危険を避けるため、歌舞伎の上演は日中しか許されていませんでした。このため、スタートは明六つ《あけむつ》（午前6時頃）で、日が暮れると幕が降ろされました。上演時間が長いため、幕間《まくあい》（休憩時間）に弁当を食べたり、芝居小屋の周囲にある芝居茶屋で食事をとったりしたそうです〔図2〕。

1日がかりの娯楽だった歌舞伎見物

芝居小屋の内部〔図1〕

両側に一段高く設けられた桟敷席は高級席で、上級武士や裕福な町人が座った。一般庶民が座るのは「切り落とし」と呼ばれる土間席だった。

桟敷席の料金は35匁《もんめ》（約5万8000円）と高額で、土間席はその10分の1程度だった。

「踊形容東絵栄」（部分）東京都立中央図書館所蔵

弁当を食べる観客〔図2〕

幕間に食べる弁当は「幕の内弁当」と呼ばれるようになったとされる。

観客たちは芝居中も弁当を食べたり、煙草を吸ったりして、思い思いに楽しんでいた。

56 ファッションリーダーは歌舞伎役者？

なるほど！

江戸の人たちは**歌舞伎役者の髪型や着物**などをマネしていた！

江戸時代、歌舞伎役者は江戸の人たちのあこがれの大スターで、ファッションリーダーでした。**人気役者の髪型や、着物の色や柄、帯の結び方などが流行**し、例えば佐野川市松《さのがわいちまつ》（初代）が着ていた袴《はかま》の模様は、彼の名前から「市松模様」と呼ばれ、今に伝わっています。歌舞伎で上演された踊りを教える人もいました。歌舞伎役者をえがいた浮世絵「役者絵」も多く出版されました。人気役者が亡くなったときは、訃報と追善をかねた似顔絵「死絵《しにえ》」が発行されていました。また毎年、役者の評判記（ランキング）が発行され、**人気役者のなかには、年収が1000両（約1億円）を超える者が現れ、「千両役者」と呼ばれました。**

江戸の歌舞伎の最初の大スターは、市川團十郎《いちかわだんじゅうろう》（初代）です。派手なメイクと勇猛な演技で人気を集め、「荒事」と呼ばれるスタイルを創始しました。女方《おんながた》としては、瀬川菊之丞《せがわきくのじょう》（初代）や尾上菊五郎《おのえきくごろう》（初代）などが知られています。そのほか、松本幸四郎《まつもとこうしろう》、中《なか》村富十郎《むらとみじゅうろう》、坂東三津五郎《ばんどうみつごろう》など、数多くの名優が現れ、歌舞伎界を盛り上げました（左図）。**歌舞伎役者の名前は「名跡《みょうせき》」と呼ばれ、現在に至るまで、代々受け継がれています。**

また、歌舞伎役者には家ごとに「成田屋《なりたや》」「音羽屋《おとわや》」などの屋号があり、観客が役者に声援を送るときに屋号を叫ぶことがあります。この掛け声は「大向こう」と呼ばれ、今でも聞かれます。

今に語り継がれる江戸の名優たち

江戸時代の代表的な歌舞伎役者

江戸時代には、今も名前が伝わる歌舞伎の名優たちが、江戸の観客たちを熱狂させた。

市川團十郎
（初代）（1660 〜 1704）

14歳でデビューし、全身を赤く塗り、豪快な役柄を演じて「荒事」を創始。絶大な人気を博した。 **【屋号】成田屋**

「あづまの花 江戸絵部類」国立国会図書館所蔵

「瀬川家系譜」国立国会図書館所蔵

瀬川菊之丞
（初代）（1693 〜 1749）

大坂出身の女方で、江戸に出て活躍。女方芸の基礎を築く。舞台でかぶった帽子が「瀬川帽子」として流行した。 **【屋号】浜村屋**

佐野川市松
（初代）（1722 〜 1762）

京都出身で、江戸に出て女方を演じ、大人気となる。美貌の持ち主で、女性から絶大な人気を集めた。衣装の市松模様が大流行した。

【屋号】新万屋

出典：ColBase
「京四条下り
藤川亀乃江と初代佐野川市松」
（部分）東京国立博物館所蔵

中村富十郎
（初代）（1719 〜 1786）

大坂で活躍した女方・芳沢《よしざわ》あやめの子。天才的な女方として、幅広い役を演じた。特に女性の所作に優れていた。

【屋号】天王寺屋

「古今俳優似顔大全」国立国会図書館所蔵

松本幸四郎
（5代）（1764 〜 1838）

鋭い目つきと高い鼻が特徴で、「鼻高幸四郎」と呼ばれた。その容貌をいかして悪役が当たり役となった。 **【屋号】高麗屋**

「古今俳優似顔大全」国立国会図書館所蔵

元禄《げんろく》文化のおもな文化人

江戸時代前期の元禄年間（1688〜1704）に上方（京都・大坂）を中心に栄えた「元禄文化」は、裕福な商人が担い手になった華麗な文化でした。

文学

井《い》原《はら》西《さい》鶴《かく》

（1642〜1693）

小説家。大坂の富裕な商家に生まれ、40歳を過ぎてから小説を書き始めた。西鶴の小説は浮世草子《うきよぞうし》と呼ばれ、活力ある町人の姿を生き生きと表現し、個人の努力・能力を発揮して成功することを賞賛した。代表作の『日本永代蔵《にっぽんえいたいぐら》』『世間胸算用《せけんむねさんよう》』などには、そうした西鶴の考え方がよく表れているが、晩年には貧富の格差や経済至上主義を批判している。

文学

近《ちか》松《まつ》門《もん》左《ざ》衛《え》門《もん》

（1653〜1724）

門左衛門は、義理と人情にしばられる人の苦しみをえがき人気を集めた

「肖像」（国立国会図書館所蔵）

浄瑠璃《じょうるり》・歌舞伎の脚本家。越前《えちぜん》（現在の福井県）の武士の子として生まれたが、京都に移り住み、20歳頃に人形浄瑠璃（三味線に合わせた人形劇）や歌舞伎の脚本を書き始めた。代表作には『曽根崎心中《そねざきしんじゅう》』『心中天網島《しんじゅうてんのあみじま》』など、心中物が多い。

文学

松《まつ》尾《お》芭《ば》蕉《しょう》

（1644〜1694）

俳人。伊賀《いが》（現在の三重県）の武士の子として生まれ、俳諧《はいかい》（俳句）を学んだ後、江戸に出た。生涯のほとんどを旅しなが

「芭蕉肖像真蹟」国立国会図書館所蔵

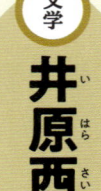

美術

尾《お》形《がた》光《こう》琳《りん》

（1658〜1716）

画家・工芸家。京都の商家に生まれ、父の遺産を使い果たした後、40歳頃から本格的に画家として活動を始めた。俵《たわら》屋《や》宗《そう》達《たつ》の作風に強い影響を受け、独自の大胆で軽やかな装飾芸術の様式「琳派《りんぱ》」を大成した。代表作に屏風絵の『燕子花図《かきつばたず》』『紅白梅図《こうはくばいず》』などがある。

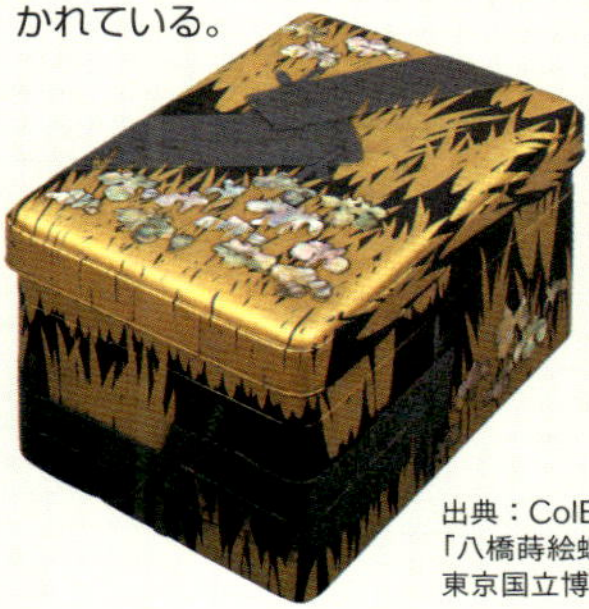

出典：ColBase
「八橋蒔絵螺鈿硯箱」
東京国立博物館所蔵

『八橋蒔絵螺鈿硯箱《やつはしまきえらでんすずりばこ》』
光琳のデザインによる蒔絵（漆《うるし》工芸）の硯箱。平安時代の歌物語『伊勢物語』の「八橋」の場面がえがかれている。

ら過ごし、『野ざらし紀行《きこう》』『笈《おい》の小文《こぶみ》』『更科紀行《さらしなきこう》』などの俳諧紀行文を記し、46歳のとき、東北地方を旅して数々の名句を残し、それらを『奥の細道』にまとめた。有名な俳句に「夏草や兵《つわもの》どもが夢の跡」「閑《しずけ》さや岩にしみ入る蝉の声」など。

芭蕉は、それまで連歌（複数人で短歌の上の句と下の句をリレー形式で詠む形式の歌）の上の句だった俳句を独立した芸術に高めた

美術

菱《ひし》川《かわ》師《もろ》宣《のぶ》

（1618?〜1694）

浮世絵師。安房《あわ》（現在の千葉県）出身で、江戸に出て日本画を学び、遊郭《ゆうかく》や歌舞伎などの町人の暮らしを中心に現実世界を挿絵や版画、肉筆画《にくひつが》などでえがき、「浮世絵」という新しいジャンルを創始した。特に美人画が得意だった。

出典：ColBase
「見返り美人図」東京国立博物館所蔵

『見返り美人図《みかえりびじんず》』
鮮やかな紅色の着物をまとった女性が振り返る一瞬をえがいた肉筆の浮世絵。

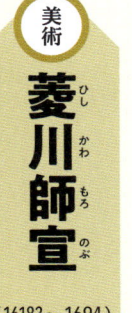

化政《かせい》文化のおもな文化人【地方編】

江戸時代後期の文化《ぶんか》・文政《ぶんせい》年間（1804〜1830）を中心に江戸で最盛期を迎えた「化政文化」は、一般庶民が担い手でした。ここでは江戸以外で活躍した文化人を紹介します。

文学　与《よ》謝《さ》蕪《ぶ》村《そん》（1716〜1783）

俳人・画家。摂津《せっつ》（現在の大阪府）出身で、20歳頃、江戸に出て俳句を学んだ後、京都で俳人・画家として活躍した。絵画的な俳句が特徴で、代表作は「菜の花や月は東に日は西に」「春の海ひねもすのたりのたりかな」など。

文学　小《こ》林《ばやし》一《いっ》茶《さ》（1763〜1827）

俳人。信濃《しなの》（現在の長野県）の農家に生まれ、江戸で働きながら俳句を学んだ。妻や子が早く亡くなるなど不幸が続いたが、弱者に対するいたわりと共感をもち続けた。子どもや小動物をテーマにした俳句が多く、代表作は「雀の子そこのけそこのけ御馬が通る」「我と来て遊べや親のない雀」など。

美術　円《まる》山《やま》応《おう》挙《きょ》（1733〜1795）

画家。丹波《たんば》（現在の京都府）の農家に生まれ、京都に出て日本画を学んだ。さらに、洋風画の遠近法や陰影法などを取り入れ、写実性と装飾性をあわせもつ新しい絵画様式をつくりだした。

『虎嘯生風図《こしょうせいふうず》』
虎が風を巻き起こしている場面。虎の毛並みが緻密なタッチでえがかれている。

出典：ColBase「虎嘯生風図」東京国立博物館所蔵

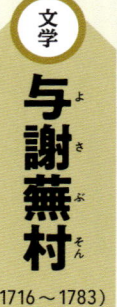

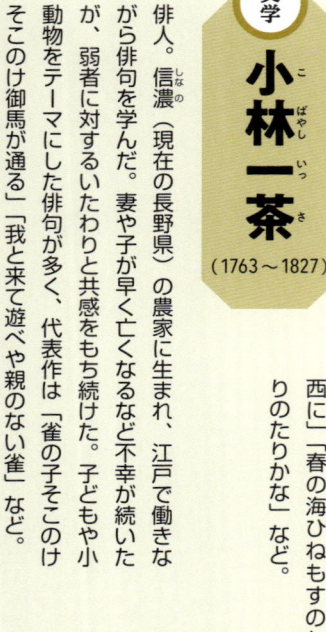

美術

伊《い》藤《とう》若《じゃく》冲《ちゅう》

（1716～1800）

画家。京都の商家に生まれ、家業をこなしながら絵を学んだ。40歳で家業を弟にゆずり、絵画制作に専念した。日本画や中国画、琳派《りんぱ》などを研究し、高度な技術を身につけ、写実的で幻想的な作品を生み出した。

『動植綵絵《どうしょくさいえ》』

植物、鳥、昆虫、魚など、さまざまな生物を写実的にえがいた若冲の傑作。

出典：ColBase
「動植綵絵」皇居三の丸尚蔵館

美術

池《いけの》大《たい》雅《が》

（1723～1776）

南画《なんが》家。京都出身で、幼い頃から優秀で、中国の南宗画（専門の画家でない文人がえがいた絵で、日本で発展したものが南画）を学んだ。さらに、琳派や洋風画の技法も南画に取り入れ、与謝蕪村とともに、日本南画の完成者と評されている。

『楼閣山水図屏風《ろうかくさんすいずびょうぶ》』

南宗画の影響を強く受けた大雅が、中国の有名な景勝地《けいしょうち》を淡い色彩でえがいた南画。

出典：ColBase「楼閣山水図屏風」（部分）
東京国立博物館所蔵

美術

亜《あ》欧《おう》堂《どう》田《でん》善《ぜん》

（1748～1822）

洋風画家。47歳のとき白河《しらかわ》藩（現在の福島県）藩主・松平《まつだいら》定信《さだのぶ》に認められて絵師となり、江戸に出て西洋の銅版画や油絵を学び、名所や世界地図などをえがいた。

『浅間山図屏風《あさまやまずびょうぶ》』

田善が浅間山をえがいた油絵。人物は登場せず、荒涼とした風景だけがえがかれている点で、浮世絵の風景画とは大きく違っている。

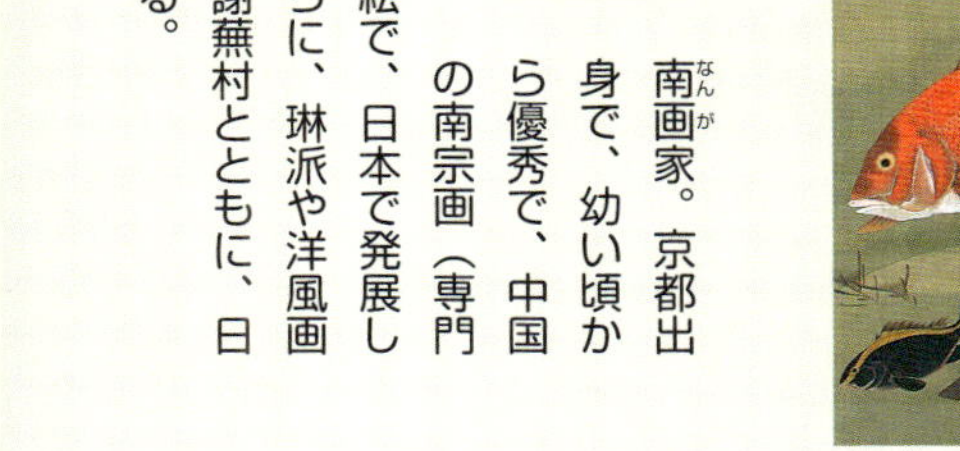

出典：ColBase「浅間山図屏風」
東京国立博物館所蔵

江戸クイズ 1 答え

A1 溜池《ためいけ》（港区）

赤坂と虎ノ門との間には溜池と呼ばれる巨大な貯水池がありました。現在は埋め立てられていますが、溜池山王駅の駅名に、その名が残っています。

「名所江戸百景 赤坂桐畑」
国立国会図書館所蔵

A2 上野《うえの》（台東区）

現在の上野広小路《ひろこうじ》交差点一帯です。右の建物は松坂屋で、現在も松坂屋上野店として営業しています。

「江戸名所百景 下谷広小路」
国立国会図書館所蔵

A3 九段《くだん》（千代田区）

九段下交差点から靖国《やすくに》神社に至る坂道は急坂で、９層の石段が築かれていたため、九段と呼ばれたそうです。

「江戸名所図会」
国立国会図書館所蔵

A4 高田馬場《たかだのばば》（新宿区）

３代将軍・徳川《とくがわ》家光《いえみつ》が築いた馬場があり、旗本たちが馬術の訓練を行っていました。

「高田馬場流鏑馬之図」国立国会図書館所蔵

A5 市ケ谷《いちがや》（千代田区）

手前に見えるのは江戸城の外堀で、現在も残されています。右上は市谷亀《いちがやかめ》岡八幡宮《おかはちまんぐう》です。

「名所江戸百景 市ケ谷八幡」
国立国会図書館所蔵

A6 桜田門《さくらだもん》（千代田区）

現在の桜田門駅付近で、大きな池は桜田堀と呼ばれる江戸城の内堀です。幕末の大老・井伊直弼《いいなおすけ》が暗殺された場所として知られます。

「名所江戸百景 外桜田弁慶堀糀町」
国立国会図書館所蔵

A7 東京大学《とうきょうだいがく》（文京区）

11代将軍・徳川家斉《とくがわいえなり》の娘・溶姫《やすひめ》が加賀藩前田家に嫁入りするとき、溶姫を迎えるために赤門が築かれました。現在、東京大学の赤門として残っています。

「松乃栄」（部分）
東京大学総合図書館所蔵

江戸クイズ 2 答え

A1 愛宕神社《あたごじんじゃ》（港区）

愛宕山（標高約 26m）の山頂にある神社。傾斜が急な男坂と、傾斜がゆるやかな女坂があります。

「東都名所合 愛宕山」
国立国会図書館所蔵

A7 山王権現《さんのうごんげん》（千代田区）

日枝《ひえ》神社のことで、徳川家康が江戸城の守護神としました。祭礼の山王祭は将軍も見るため、神田祭とともに「天下祭」と呼ばれました。

「東都三十六景 山王権現雪中」
国立国会図書館所蔵

江戸クイズ③答え

A1 目黒新富士《めぐろしんふじ》（目黒区）

探検家・近藤重蔵《こんどうじゅうぞう》が築造した富士塚。6月1日の富士山の山開きには、目黒新富士も参拝客でにぎわいました。

「名所江戸百景 目黒新富士」
国立国会図書館所蔵

A2 王子不動《おうじふどう》の滝《たき》（北区）

当時、不動明王をまつる正受院《しょうじゅいん》の裏手にあった滝。涼を求めて多くの人が滝を見に来ました。

「名所江戸百景 王子不動之滝」
国立国会図書館所蔵

A3 井《い》の頭池《かしらいけ》（東京都三鷹市・武蔵野市）

神田川の源流である井の頭池は、現在、井の頭恩《おん》賜《し》公園の一部になっています。

「名所江戸百景 井の頭の池弁天の社」
国立国会図書館所蔵

A2 増上寺《そうじょうじ》（港区）

徳川家康《とくがわいえやす》が保護した巨大な寺院。東海道の近くにありました。大名行列がえがかれています。

「東海道名所之内 芝増上寺」
国立国会図書館所蔵

A3 寛永寺《かんえいじ》（台東区）

広大な境内《けいだい》は桜の名所として知られ、時の鐘で江戸市中に時刻を伝えました。

「江戸名所 上野東叡山境内」
国立国会図書館所蔵

A4 目黒不動尊《めぐろふどうそん》（目黒区）

「江戸名所 目黒不動尊」
国立国会図書館所蔵

正式には瀧泉寺《りゅうせんじ》。境内の独鈷《とっこ》の滝の水に打たれると病気が治るとされ、多くの参拝者が集まりました。

A5 築地本願寺《つきじほんがんじ》（中央区）

もとは浅草にありましたが、明暦《めいれき》の大火で焼失後、隅田川河口の築地（埋め立て地）に再建されました。

「江戸百景余興 鉄炮洲築地門跡」
国立国会図書館所蔵

A6 神田明神《かんだみょうじん》（千代田区）

「東都名所 神田明神」
国立国会図書館所蔵

江戸全体を守護する「江戸総鎮守《そうちんじゅ》」とされ、幕府から庶民まで広く信仰されました。神田祭は江戸三大祭のひとつです。

江戸クイズ④答え

A1 左から女性・女性・男性

鈴木春信《すずきはるのぶ》の作品。のぞいているのは女性、耳打ちをしているのも女性です。右端の人物の髪型は、頭頂部を剃《そ》る月代《さかやき》が見えるので男性だと判断できます。

出典：ColBase「縁先物語」東京国立博物館所蔵

A2 男性

化政文化期に、最高峰の女方《おんながた》の歌舞伎役者と評された瀬川菊之丞《せがわきくのじょう》（3代）をえがいた絵です。

出典：ColBase「三代目瀬川菊之丞の田辺文蔵妻おしづ」（加工して作成）東京国立博物館所蔵

A3 女性

吉原俄《よしわらにわか》（➡P134）で、手古舞《てこまい》（江戸の祭礼などで男装した女性が行った舞）の姿をした女性です。

「美人合 俄」（部分）東京都立中央図書館所蔵

A4 左から男性・女性

将軍家や大名家の大奥に仕えた女性「御殿女《ごてんじょ》中《ちゅう》」（右）が、「陰間《かげま》」と呼ばれる男娼（左）を呼んで宴会をしている場面です。

「かくれ閭」国立国会図書館所蔵

江戸クイズ③答え 続き

A4 小金井《こがねい》（東京都小金井市）

小金井橋を中心に玉川上水沿いに山桜が植えられ、桜の名所としてにぎわいました。

「江戸近郊八景之内 小金井橋夕照」国立国会図書館所蔵

A5 内藤新宿《ないとうしんじゅく》（新宿区）

甲州街道の最初の宿場で、江戸四宿《えどししゅく》のひとつ。高遠《たかとお》藩（現在の長野県）内藤家の下屋敷の一部に設置されました。

「江戸名所道外盡 四十九 内藤しん宿」東京都立中央図書館所蔵

A6 品川宿《しながわしゅく》（品川区）

東海道の最初の宿場で、江戸四宿のひとつ。絵の右側は御殿山《ごてんやま》と呼ばれる高台で、桜の名所でしたが、幕末に切り崩されました。

「五十三次名所図会 二 品川」国立国会図書館所蔵

A7 千住宿《せんじゅしゅく》（足立区・荒川区）

日光・奥州街道の最初の宿場で、江戸四宿の中で最大。北関東・東北方面への交通の拠点として発展しました。

「冨嶽三十六景従千住花街眺望ノ不二」国立国会図書館所蔵

A3 蛍《ほたる》狩《が》り

5月は蛍狩りを楽しむ季節でした。落合《おちあい》（新宿区）のほか、谷中《やなか》（台東区）の蛍沢や、王子（北区）の音無川などが蛍狩りの名所でした。

「江戸自慢三十六興
落合ほたる」国立国会図書館所蔵

A4 蓮見《はすみ》

初夏の６月頃、不忍池《しのばずのいけ》で蓮見が行われました。周辺の料理茶屋では、蓮飯（蓮の若葉の炊きこみご飯）が出されました。

「江戸自慢三十六興 不忍池
蓮花」国立国会図書館所蔵

A5 七夕《たなばた》

江戸の七夕の規模は段違い。色紙や吹き流しなどで盛大に飾られた笹竹が江戸中の屋根に高々とかかげられました。

「名所江戸百景 市中繁栄七夕祭」
国立国会図書館所蔵

A6 紅葉《もみじ》狩《が》り

秋になると、江戸の郊外で紅葉を鑑賞する紅葉狩りが楽しまれました。品川の海晏寺《かいあんじ》は紅葉狩りの名所でした。

「海案寺紅葉」
国立国会図書館所蔵

A7 節分《せつぶん》

現在の節分は2月3日頃ですが、江戸時代には暦の関係上、12月に行われることが多くありました。

「江戸名所図会」国立国会図書館所蔵

A5 男性

鈴木春信の作品です。春信のえがく男性と女性は区別がつきにくいのが特徴ですが、頭頂部の月代で男性であることがわかります。

出典：ColBase「桃の枝折る若衆」
（部分）東京国立博物館所蔵

A6 男性

「双筆五十三次 加奈川」（部分）
東京都立中央図書館所蔵

戸塚（神奈川県）で女装した男性がお札をまく「お札まき祭」に参加した男性です。江戸時代には祭りや宴会で男性が女装することがよくありました。

江戸クイズ 5 答え

A1 初午《はつうま》

初午とは、２月最初の午の日のことで、全国各地の稲荷《いなり》神社で祭礼が行われます。江戸では王子稲荷などに参拝し、絵馬などを奉納しました。

「王子稲荷初午祭ノ図」
国立国会図書館所蔵

A2 初鰹《はつがつお》

４月初旬頃、最初に出回る鰹は初鰹と呼ばれ、江戸では縁起物として珍重されました。初鰹は高額で、1尾3両（約30万円）したという記録もあるほど。

「卯の花月」（部分）
東京都立中央図書館所蔵

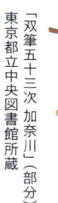

さくいん

参考文献

『ゼロからわかる 江戸の暮らし』正井泰夫監修（学研パブリッシング）
『ビジュアルワイド 江戸時代館』竹内誠監修（小学館）
『図表でみる江戸・東京の世界』（江戸東京博物館）
『地図・グラフ・図解でみる 一目でわかる江戸時代』竹内誠監修・市川寛明編（小学館）
『スーパービジュアル版 江戸・東京の地理と地名』鈴木理生著（日本実業出版社）
『江戸と江戸城』内藤昌著（講談社学術文庫）
『ビジュアルで読み解く お江戸の意外な生活』大石学監修（PHP研究所）
『歴史群像シリーズ 図解・江戸の暮らし事典』河合敦監修（学研）
『史料にみる日本女性のあゆみ』総合女性史研究会編（吉川弘文館）
『歴史人別冊 完全保存版 江戸の暮らし大全』（KKベストセラーズ）
『歴史人 2013年8月号 江戸の暮らし大図鑑』（KKベストセラーズ）
『歴史人 2020年8月号 江戸庶民の暮らし衣・食・住』（KKベストセラーズ）
『歴史人 2023年8月号 江戸の暮らし大全』（ABCアーク）
『歴史人 2023年12月号増刊 蔦屋重三郎とは、何者なのか？』（ABCアーク）
『日本 その心とかたち』加藤周一著（徳間書店）
『日本文学史序説（下）』加藤周一著（筑摩書房）
『広重TOKYO 江戸名所百景』小池満紀子・池田芙美著（講談社）

監修者 加唐亜紀（かから あき）

江戸文化研究家。1966年、東京都出身。長年歴史関連書籍の編集に携わった後、独立。江戸文化に関する造詣が深く、歴史月刊誌『歴史人』（ABCアーク）の江戸特集記事を担当し、Web「歴史人」で江戸関係の記事を執筆。現代書館『シリーズ藩物語』の編集も手掛ける。日本銃砲史学会理事。著書に『ビジュアルワイド図解 日本の合戦』（西東社）、『新幹線から見える日本の名城』（ウェッジ）などがある。

イラスト	くさかたね、栗生ゑゐこ、北嶋京輔、香川元太郎
デザイン・DTP	佐々木容子（カラノキデザイン制作室）
校閲	西進社
編集協力	浩然社

イラスト＆図解《ずかい》 知識《ちしき》ゼロでも楽《たの》しく読《よ》める！
江戸《えど》の文化《ぶんか》

2024年11月20日発行　第1版

監修者	加唐亜紀
発行者	若松和紀
発行所	株式会社 西東社 〒113-0034　東京都文京区湯島2-3-13 https://www.seitosha.co.jp/ 電話　03-5800-3120（代）

※本書に記載のない内容のご質問や著者等の連絡先につきましては、お答えできかねます。

落丁・乱丁本は、小社「営業」宛にご送付ください。送料小社負担にてお取り替えいたします。本書の内容の一部あるいは全部を無断で複製（コピー・データファイル化すること）、転載（ウェブサイト・ブログ等の電子メディアも含む）することは、法律で認められた場合を除き、著作者及び出版社の権利を侵害することになります。代行業者等の第三者に依頼して本書を電子データ化することも認められておりません。

ISBN 978-4-7916-3380-7